2023年安徽省省级规划教材
安徽省高等教育振兴计划项目:休闲体育新专业建设
编号:2015zytz050

龙舟文化与技术训练教程

LONGZHOU WENHUA YU JISHU XUNLIAN JIAOCHENG

刘乃宝 著

哈尔滨工业大学出版社
HARBIN INSTITUTE OF TECHNOLOGY PRESS

内 容 简 介

本书包括龙舟文化概述、龙舟运动、龙舟运动技术、龙舟运动选手的体能训练等内容，并对如何构建我国高校龙舟运动课程体系进行了探究。

本书旨在帮助广大龙舟运动爱好者开阔视野、汲取知识、掌握技术。

图书在版编目(CIP)数据

龙舟文化与技术训练教程／刘乃宝著.—哈尔滨：哈尔滨工业大学出版社，2019.3(2024.9重印)

ISBN 978-7-5603-8074-2

Ⅰ.①龙… Ⅱ.①刘… Ⅲ.①龙舟竞赛-文化-中国-教材②龙舟竞赛-运动训练-教材 Ⅳ.①G852.9

中国版本图书馆 CIP 数据核字(2019)第 056825 号

策划编辑	常　雨
责任编辑	苗金英
封面设计	启　帆
出版发行	哈尔滨工业大学出版社
社　　址	哈尔滨市南岗区复华四道街10号　邮编 150006
传　　真	0451-86414749
网　　址	http://hitpress.hit.edu.cn
印　　刷	哈尔滨圣铂印刷有限公司
开　　本	787mm×960mm　1/16　印张 5.5　字数 100 千字
版　　次	2019 年 3 月第 1 版　2024 年 9 月第 2 次印刷
书　　号	ISBN 978-7-5603-8074-2
定　　价	65.00 元

(如因印装质量问题影响阅读,我社负责调换)

前　　言

龙舟运动是中华民族的传统体育活动,具有浓郁的中华民族特色和悠久的历史文化背景。如今龙舟运动开展地域之广、规模之大、各方面影响之深,为世人所瞩目。随着国际文化交流的日益频繁,作为中国传统体育文化的一部分,龙舟运动已冲出国门,走向世界,成为世界体育文化的重要组成部分。龙舟运动增进了各国人民之间的友谊,促进了经济贸易的发展。古老的龙舟运动焕发了新机,在新的历史时期起重要的桥梁作用。

龙舟运动属于周期性的体能训练项目,要提高龙舟竞技水平,必须遵循训练的客观规律。本书为兼顾不同层面的需求,既考虑龙舟运动发展的需要,又考虑龙舟教练员专业理论水平的差异;既注重概念性、条理性,又注重实用性和可操作性。

本书包括龙舟文化概述、龙舟运动、龙舟运动技术、龙舟运动选手的体能训练等内容,并对如何构建我国高校龙舟运动课程体系进行了探究。本书旨在帮助广大龙舟运动爱好者开阔视野、汲取知识、掌握技术。

由于作者水平有限,书中难免存在不足之处,敬请广大读者批评指正。

作　者
2019 年 1 月

目 录

第一章　龙舟文化概述 ··· 1
第一节　龙舟及龙舟文化的含义 ································· 1
第二节　龙舟文化传承的意义 ····································· 2

第二章　龙舟运动 ··· 4
第一节　龙舟运动的文化内涵 ····································· 4
第二节　龙舟运动的定义、分类和价值 ······················· 5
第三节　龙舟运动主要赛事 ·· 10
第四节　我国龙舟运动的发展趋势及对策建议 ············ 13

第三章　龙舟运动技术 ·· 17
第一节　龙舟运动的击鼓技术 ···································· 17
第二节　龙舟运动的划桨技术 ···································· 19
第三节　龙舟运动的舵手技术 ···································· 26

第四章　龙舟运动选手的体能训练 ·························· 31
第一节　龙舟运动专项力量训练 ································ 31
第二节　龙舟运动选手上肢专项耐力训练 ·················· 46

第五章　构建我国高校龙舟运动课程体系 ················ 59
第一节　构建我国高校龙舟运动课程体系的意义 ········ 59
第二节　构建我国高校龙舟运动课程体系的举措 ········ 61
第三节　我国高校龙舟运动课程体系的内容 ·············· 66

参考文献 ··· 75

第一章　龙舟文化概述

龙舟文化是中华传统文化的重要组成部分,我国龙舟文化已有数千年历史。龙舟文化作为体育文化的一个分支,为社会主义文化体系增添了活力。龙舟运动作为一项传统体育项目,因其悠久的文化底蕴和独特的魅力深受广大人民群众的喜爱,为弘扬民族文化和展现中华民族的个性及风貌打开了一扇窗。

第一节　龙舟及龙舟文化的含义

龙舟是做成龙形或刻有龙纹的船只。史料表明,最初的竞渡之舟只是一般的独木舟,关于竞渡的传说,流传最广的是纪念屈原的传说。广大人民群众将端午节、龙舟竞渡和纪念爱国诗人屈原完美地结合在一起,使龙舟运动既有娱乐性又有竞技性,大大地增加了节日气氛。龙舟文化是在长期发展过程中汲取诸多社会文化领域的精华而形成的具有独特性质的文化体系。龙舟文化凸显了中华民族坚忍不拔、勇于进取的精神风貌,增强了民族认同感和民族凝聚力。随着改革开放的不断深入,龙舟文化逐渐步入多元化发展阶段,无论是形式还是内容,无论是参与国家还是参与人数,都得到了拓展。

第二节　龙舟文化传承的意义

龙舟文化传承意味着龙舟文化的继承与弘扬,将中华优秀传统文化发扬光大。对于龙舟文化的传承,应在更高的层次上理解它、认识它,从它所蕴含的价值观念、行为规范、思维方式、情感方式等方面汲取一些先进的、适应当今社会发展的思想,挖掘它对社会、对大众的文化效用,使人们在运动实践中潜移默化地受到文化的启迪和熏陶。

一、龙舟文化传承是龙舟运动发展的基础

从古时竞渡的雏形到如今形成完备的龙舟文化形态,龙舟运动在民族的整体文化氛围中孕育、生长、发展、衍化。龙舟文化的先进性体现在它能充分表现中华民族强大的生命力和凝聚力,可以丰富人们的娱乐生活,反映中华民族团结友爱、自强不息的精神,对弘扬传统文化、培育时代新人、构建和谐社会具有积极的现实意义。

二、龙舟文化传承是体育文化的内在需求

龙舟运动作为一种体育教育手段和活跃的文化现象,对体育文化生活、体育美学、体育艺术等方面有着积极而直接的影响。龙舟外在表现的造型艺术,因时代、地域不同而风格各异,融入了各民族的风格和特点。龙舟的文学艺术有诗词歌赋、对联、说唱、号子等形式。唐朝张建封的《竞渡歌》煞有气势:"鼓声三下红旗开,两龙跃出浮水来。棹影斡波飞万剑,鼓声劈浪鸣千雷。"这种文化现象体现的是为了共同目标而坚持不懈、齐心协力的集体主义精神,这正是社会发展所需要的精神。龙舟文化倡导"人与自然和谐共生"的理念,龙舟运动中,人与舟的相容,舟与水的动静结合,体现了人与自然的原生态之美。

三、龙舟文化传承是对自身文化的一种保护

信息技术和现代传媒的不断发展为文化的传播提供了宽松的环境和良好的契机。在传承中保留传统特色,这是传承的关键。流行于广东珠江三角洲的龙舟说唱,在民间有"未斗龙舟,先斗龙歌"的传统,这种日渐式微的民间艺术形式,背后的故事更是鲜为人知,为了避免这样的古老文化终结,需要对其进行多方面的保护和开发。为了更好地保护传统文化,2008 年 1 月 1 日起施行的《国务院关于修改〈全国年节及纪念日放假办法〉的决定》中,将端午节列为国家法定节假日。在长期的传承和国际交流中,传统文化处于被共享的状态,只有及时地挖掘和保护无形的文化遗产,才能在经济全球化的时代保持清晰的民族身份。

第二章　龙舟运动

龙舟运动作为中华民族的传统竞技项目，集文化、娱乐、健身和比赛于一体，在弘扬爱国主义精神、启发历史文化研究、渲染节日气氛、丰富大众生活、促进全民健身、增进友谊、促进团结奋进、展示强健体魄和竞技水平等诸多方面发挥着积极的作用，并以其独有的文化魅力赢得了全国乃至世界人民的喜爱。虽然龙舟文化的延续力和影响力日渐深广，然而与如火如荼的龙舟竞技相比，理论界对龙舟文化的研究却相对滞后，不仅相关学术论文较少，而且讨论也只限于区域或群体，研究深度和广度都有拓展的空间。本章旨在对龙舟运动进行理论分析，希望有益于龙舟运动的开展。

第一节　龙舟运动的文化内涵

当今社会，龙舟运动不仅继承了其娱乐性和民俗性，同时也增加了竞技成分。龙舟运动经过变迁，形成了两种不同价值取向的比赛：一种是休闲娱乐性的龙舟比赛。这种比赛除纪念屈原外，还展示了中国丰富多彩的民俗文化和地方特色。另一种是龙舟竞技比赛。这种比赛主要是为了吸引更多的参与者，提升龙舟运动的知名度和影响力，普及体育健身意识，传承中华优秀传统文化。无论哪种龙舟比赛，竞技中都蕴含着民俗文化的积淀、储存、传承和保护。

龙舟文化具有观赏性、娱乐性和协作性。具有娱乐性的大众化龙舟竞技运动,是大众所喜闻乐见并能够积极广泛参与的一种运动形式。龙舟竞技多依托于优美的水生态环境开展,其盛行的地方大多水域开阔,水质优良,拥有"水清、河畅"的生态美景。可以说,没有良好的水域不可能赛好龙舟,没有和谐的生态环境,也不可能传承和发展龙舟文化,因此,为了营造一个优良的比赛场地,人们必须更好地保护自然环境。

第二节　龙舟运动的定义、分类和价值

改革开放以后,龙舟运动得到了飞速发展。1984年,中华人民共和国国家体育运动委员会(现国家体育总局)决定将龙舟竞渡列为全国正式比赛项目。1985年,中国龙舟协会成立。自1988年开始,我国多次成功地举办了各种不同规模、特色鲜明、颇具水平的龙舟赛事,尤其是近几年的"中华龙舟大赛"和"中国龙舟公开赛"更是办得轰轰烈烈,为弘扬中华优秀传统体育文化,增进各个国家和地区之间的了解和友谊,推动国际龙舟运动发展,做出了积极贡献。另外,"南舟北移"也有了飞速发展,过去多集中在我国长江以南省、市、区开展的龙舟运动,近几年也不断向北方发展,还创新出"冰上龙舟"运动项目。随着我国对体育事业的重视,龙舟运动的基础设施建设得到了显著提升,许多城市和地区都建立了专门的龙舟比赛场地,这些场地不仅满足了国内外比赛的需求,也为群众性的龙舟活动提供了良好条件。

随着龙舟运动在世界各国的传播,各国运动爱好者也被这个集团结协作、勇敢拼搏于一身的体育项目所吸引,纷纷喜欢上了这项运动。世界各地先后举办国际龙舟赛事,其中不乏颇有影响的传统赛事。其国际竞赛规则也逐步完善,并不断向着科学化、规范化发展。1995年,由国际龙舟联合会主办的第一届世界龙舟锦标赛在湖南省岳阳市成功举办。龙舟运动呈现出国际化、群众性和竞技性的发展趋势,同时,也证明了龙舟运动作为光辉灿烂的民族体育文化,是没有国界的。优秀的民族体育文化是属于世界的,这也是龙舟运动具有强大生命力与震撼力的根本原因。

一、龙舟运动的定义

中国龙舟协会制定的龙舟竞赛规则中对龙舟运动的定义为:龙舟运动是一项集众多划手依靠单片桨叶的划桨作为推进方式,运用肌肉力量向船后划水,推动龙舟前进的运动。中国龙舟协会的标准比赛龙舟配备有龙头、龙尾、鼓(鼓手)、舵(舵手)。在传统的龙舟比赛中,可考虑设立锣(锣手)。根据区域民俗特点不同,龙舟造型在头尾设计方面包括凤舟、象牙舟、龟舟、虎头舟、牛头舟、天鹅舟、蛇舟等,均可保留原有规格和名称,但只要有类似划龙舟的动作则统称为龙舟运动。

二、龙舟运动的分类

龙舟运动经过数千年的发展演变,已经成为一项世界性的竞技运动,有了完善的器材和竞赛规则。依据现行龙舟竞赛规则来划分,可分为标准龙舟比赛和传统龙舟比赛两大类。

(一)标准龙舟比赛

标准龙舟是当今国际、国内龙舟比赛所规定采用的形式,对龙舟的长、宽、高及质量有严格的要求,对划桨的长度,桨叶的长度、宽度、形状都有明确的规定,以保证龙舟比赛中器材的统一。参赛人数根据龙舟的大小有22人制(划手20名,鼓手、舵手各1名)、12人制(划手10名,鼓手、舵手各1名)、5人制(划手5名)等。参赛组别有公开组、男子组、女子组、混合组、成年组、青年组、少年组和老将组,项目上有直道竞速赛、往返赛、绕标赛、拉力赛和拔河赛等。

1. 公开组

参赛选手无性别与年龄限制。

2. 男子组

所有参赛选手必须是男性,队员无年龄限制。

3. 女子组

所有参赛选手必须是女性,队员无年龄限制。

4. 混合组

必须有至少 8 名最多 12 名女子选手参加,所有选手均无年龄限制。

5. 成年组

(1)成年男子组。

参赛选手均为男性,年龄须为比赛当年 12 月 31 日已满 18 岁,未满 40 岁。

(2)成年女子组。

参赛选手均为女性,年龄须为比赛当年 12 月 31 日已满 18 岁,未满 40 岁。

(3)成年混合组。

参赛选手年龄须为比赛当年 12 月 31 日已满 18 岁,未满 40 岁,必须有至少 8 名最多 12 名女子选手参加。

6. 青年组

(1)青年男子组。

参赛选手均为男性,年龄须为比赛当年 12 月 31 日未满 18 岁。

(2)青年女子组。

参赛选手均为女性,年龄须为比赛当年 12 月 31 日未满 18 岁。

(3)青年混合组。

参赛选手年龄须为比赛当年 12 月 31 日未满 18 岁,必须有至少 8 名最多 12 名女子选手参加。

7. 少年组

(1)少年男子组。

参赛选手均为男性,年龄须为比赛当年 12 月 31 日未满 16 岁。

(2)少年女子组。

参赛选手均为女性,年龄须为比赛当年 12 月 31 日未满 16 岁。

(3)少年混合组。

参赛选手年龄须为比赛当年 12 月 31 日未满 16 岁,必须有至少 8 名最多 12 名女子选手参加。

8. 老将组

（1）老将男子组。

男子从 40 岁开始成为老将选手。

（2）老将女子组。

女子从 40 岁开始成为老将选手。

（3）老将混合组。

从 40 岁开始成为老将选手，必须有至少 8 名最多 12 名女子选手参加。

（二）传统龙舟比赛

传统龙舟比赛对龙舟和划桨的要求不严格，其特点是龙舟和划桨均自带，通常一条龙舟上有参赛选手 40~80 人。由于参赛人数众多，场面气势恢宏，更具民族性和历史性，文化气息也更浓厚，颇具感染力。每年的传统龙舟比赛都会吸引众多群众前来观看，场面热闹非凡。此外，每年还有围绕弘扬龙舟文化举办的书画、摄影、论坛等文化交流活动，以及与龙舟相关的其他产业活动等。

传统龙舟比赛可分为正式比赛和邀请赛两类。正式比赛包括世界龙舟锦标赛、世界俱乐部龙舟锦标赛、洲际龙舟锦标赛、全国龙舟锦标赛、全国综合性运动会龙舟赛、地方龙舟赛等。邀请赛包括以下 3 类。

（1）国际龙舟邀请赛。

经承办单位申请，由中国龙舟协会主办，邀请其他国家或地区队伍参加。

（2）全国龙舟邀请赛。

经承办单位申请，由中国龙舟协会主办，由各省、自治区、直辖市、计划单列市体育部门，各行业体协，各大专院校等单位组队参加。

（3）地方龙舟邀请赛。

经承办单位申请，由当地所属地区或单位、部门派队伍参加。

三、龙舟运动的价值

龙舟运动的价值主要体现在以下几方面。

1. 促进身心健康

在竞争日益激烈的当今社会中,生活压力、工作压力越来越大,人们需要放松自己,以求得身体和心理上的健康,最好的方式莫过于参加一些体育活动。有研究表明,体育活动是缓解压力、释放情绪的较好方式之一。龙舟运动在减轻人们日常工作、学习和生活中的焦虑情绪方面发挥着一定的作用。在民族传统体育文化的长期影响下,目前,人们对龙舟运动的价值高度认同。在现代生活水平不断提高、交通工具不断发展、人们日常生活中的身体活动越来越少的背景下,追求身心健康是现代人的主动选择,具有独特健身和娱乐价值的传统龙舟运动受到广大人民群众的青睐,并得到大力推广。

2. 提升民族自信

龙舟运动讲究完美的协调和快节奏的技术。参与者之间应团结协作、相互信任、相互宽容、完美地合作,从而取得集体的胜利。龙舟运动能够较好地促进参与者之间的感情交流,从而加深对龙舟精神、民族文化的理解与领悟,对民族精神和民族认同感的培养起到了很大的作用,能够很好地提升中华民族的文化自信。

3. 推动经济发展

龙舟比赛需要专门的服装和器材,比赛时可以吸引大量观众,因此组织者或赞助商可以借助这样的机会进行商业开发和宣传,从而带动本地区的经济发展。随着社会的进步,人们日益重视龙舟文化在市场经济中发挥的作用。将传统体育文化纳入经济活动中,龙舟运动逐渐成为一种可以带来巨大经济效益的体育运动项目。

4. 促进交流合作

文化交流在当今社会中起到越来越重要的作用,各种文化只有在相互交流、相互借鉴中才能保持旺盛的生命力,得到长足的发展。龙舟运动要想得到更好的发展,使越来越多的人参与到比赛中,就必须加大对龙舟运动及龙舟文化的宣传,改进和提高龙舟运动技术,使龙舟运动成为各国人民之间交流的桥梁。

第三节　龙舟运动主要赛事

一、世界龙舟运动主要赛事

2005年,龙舟运动被列入第四届东亚运动会的正式比赛项目;同年,龙舟项目和亚洲龙舟联合会正式被亚洲奥林匹克理事会承认,龙舟项目列入2010年广州亚运会的正式比赛项目。2007年,龙舟项目正式成为国际奥林匹克委员会单项体育联合会总会的比赛项目,这意味着龙舟项目在国际上获得了更广泛的认同和支持,也标志着中国古老的龙舟运动真正走向了国际竞技体育的更高层次和更大舞台。

作为水上龙舟运动的衍生品——冰上龙舟运动也日益走上世界舞台,2015年,由罗忠义发起、筹备,于2016年在美国注册成立国际冰上龙舟联合会。国际冰上龙舟联合会制定了冰上龙舟的竞赛规则和裁判法规、器材标准。2015年12月至2017年2月,国际冰上龙舟系列赛先后在世界各地举办了16场赛事。2015年12月27日,国际冰上龙舟系列赛——中国·哈尔滨站在冰城哈尔滨火热开赛,由160名队员组成的12支12人龙舟队和30支5人龙舟队,进行了一场激烈的冰上角逐。2016年2月16日,国际冰上龙舟系列赛登陆匈牙利布达佩斯,来自匈牙利、德国、意大利、俄罗斯、加拿大等国家和地区的冰上龙舟爱好者组成十几支队伍,开启冰上争锋之战。国际冰上龙舟联合会副主席布莱克为国际冰上龙舟系列赛·鄂尔多斯站授牌,指定鄂尔多斯为此次国际龙舟系列赛主办城市。国际冰上龙舟联合会于2016年4月19日举办"世界单项体育联合会总会——瑞士峰会",第一次使冰上龙舟项目进入国际体育视野。在中、加两国政府的推动下,由国际冰上龙舟联合会策划,中国驻加拿大使馆、加拿大文化遗产部和渥太华龙舟协会赞助支持的北美首届冰上龙舟节(国际冰上龙舟系列赛——加拿大·渥太华站)于2017年2月18日在加拿大渥太华举行,赛事吸引了来自加拿大、美国等国家和地区的60支队伍参赛,超过10万人到场观赛。国际冰上龙舟联合会主席罗忠义介绍道:"冰上龙舟是在传统水上龙舟的基础上加以创新,保留原有龙舟的技术技巧与竞技性,充满速度与激情,体现风雨同舟、奋勇争先的团队精神。冰上龙舟已成为新兴的全球冰上运动项目,受到广泛关注和认可。"

二、我国龙舟运动各个时期的主要赛事

(一)龙舟竞渡发源时期

龙舟竞渡又称赛龙舟、划龙船、龙船赛会等,是中国历史上一种具有浓郁的民族民俗文化色彩的群众性娱乐活动,同时也是一种有利于增强人民体质、培养人们勇往直前和坚毅果敢精神的体育运动。关于龙舟竞渡,最早有文字记载的是西周的历史典籍《穆天子传》,《大戴礼记》中也有记载:"颛顼(传说中上古部落联盟首领),乘龙游四海。"战国时期伟大爱国诗人屈原,在他的诗词中多次描写龙舟,如《九歌·东君》中有"驾龙辀兮乘雷,载云旗兮委蛇";《九歌·湘君》中有"美要眇兮宜修,沛吾乘兮桂舟,令沅湘兮无波,使江水兮安流""驾飞龙兮北征,邅吾道兮洞庭""石濑兮浅浅,飞龙兮翩翩"等诗句。

(二)龙舟运动的完善与推广时期

1992年,亚洲龙舟联合会在北京成立。1994年,国家体育总局社会体育指导中心成立,全国性龙舟活动向着规范、大型化的方向发展。2005年成立了中国大学生体育联合会赛艇与龙舟分会,先后举办了"中国天津国际大学生龙舟邀请赛""大学生全国龙舟锦标赛"等重大赛事;同年,教育部批准了10所高校为龙舟高水平运动队试点校,对大学生龙舟运动的发展起到了巨大的推动作用,大学生成为我国龙舟运动发展过程中的新生力量。我国曾多次修订《龙舟竞赛规则》《龙舟竞赛裁判法》,使龙舟竞赛活动进入了一个有组织、有领导、有计划开展的新时期。龙舟运动富有民族性、群众性、竞技性、趣味性,而且具有增强体魄、修养身心的作用,它激流勇进、拼搏向前的气势,振奋了民族精神,培养了人们勇敢顽强、积极进取的团队精神。

(三)龙舟运动的创新与飞速发展时期

自 2005 年开始,国家体育总局社会体育指导中心、中国龙舟协会与 8 个省市政府联合开展"全国龙舟月"活动,营造了举国上下龙舟竞渡的氛围,使新时代的龙舟运动展现出无穷的魅力。2010 年,龙舟被首次列入亚运会(广州)比赛项目,这标志着龙舟运动进入了一个新的发展时期。中国龙舟协会在海南省琼海市博鳌镇召开 2011 年中国(博鳌)龙舟工作会议,会议就建立中国博鳌龙舟基地、制订中国博鳌龙舟博物馆规划方案、修订中国龙舟竞赛规则和裁判法、制定中国龙舟协会器材标准、制定中国龙舟协会器材管理规定、编撰中国龙舟协会技术手册及中国龙舟未来 5 年发展规划等方面进行了探讨。2011 年 4 月 20 日,中国龙舟协会与中央电视台签订协议,共同举办中华龙舟大赛和中国龙舟公开赛。经过中央电视台连续多年的直播,此赛事已经吸引了上百万参与者和上亿观众,呈现出一派繁荣景象。

冰上龙舟是传统龙舟运动项目的创新和延伸,它保留了传统龙舟运动的技巧性与竞技性,打破了龙舟运动的季节局限性,是一项融竞技性、团队性、娱乐性为一体的全新冰上运动。我国东北、西北地区的"滑冰车",是群众喜闻乐见的冬季娱乐活动。传统"冰车"只可坐 1 人,而多个冰车串联起来加上装饰,形成了冰上龙舟的雏形。2005 年,哈尔滨举办太平湖冰上龙舟赛;2011 年,银川举办冰上龙舟大赛;2013 年,北京什刹海街道民俗协会举办冰上龙舟赛;2014 年,华北五省市开办青少年"未来之星"冬季阳光体育大会;2015 年,沽源县举行"助申奥·迎新春"冰上运动会,这些活动皆融入了冰上龙舟项目。随着冰上龙舟运动的不断发展,冰上龙舟运动器材也在进行着创新。2013 年 10 月,冰上龙舟在水上龙舟运动器材的基础上,增设前后两组冰刀底盘、加长冰钎、与水上龙舟相似的单侧划桨。2014 年,经过实际应用,不断改进,增加了刹车装置,配以尾舵转向装置。2015 年,冰上龙舟下端的两组冰刀底座经过多次改良,确定了承重、滑行、强度、韧性的技术标准,使冰刀与冰面的滑行更具合理性。冰钎巧妙运用多点埋针的机理结构,使滑行探收自如,有效解决了伤人、伤冰问题。这一系列的改良是冰上龙舟成为竞技运动项目的重要转折点。2016 年,更科学地进行了冰刀底座与转向结构、刹车结构的合理配置,在滑行过程中有效地增加了与冰钎作用的技术联动性,更符合人体力学和工程学要求,使冰上龙舟彻底脱离冰爬犁结构,成为一项竞技性、普及性运动。

第四节　我国龙舟运动的发展趋势及对策建议

一、我国龙舟运动的发展趋势

(一)龙舟运动朝着国际化、全球化方向发展

近年来,龙舟运动在全球的普及和发展取得了显著进展。通过各种高级别赛事的举办,龙舟运动的影响力逐渐增大。龙舟运动的国际化进程也在加速,龙舟运动被纳入世界杯和奥运会的表演赛项目,说明龙舟运动的国际化程度、规范化程度已经得到世界认可。展望未来,龙舟运动将继续作为一项重要国际体育赛事在全球范围内推广和发展。

(二)龙舟赛事组织的规范化与竞赛活动方式的多元化发展

龙舟赛事运作的不断革新,中华龙舟大赛与中国龙舟公开赛等品牌赛事的推出,以及亚运会、体育大会、农民运动会、水上运动会及少数民族运动会等大型赛事的成功举办,为龙舟赛事组织的规范化、龙舟器材制作的标准化等打下了坚实的基础。另外,根据地域和民俗的不同,龙舟赛事竞赛的方式也不断多元化,如冰上龙舟、龙舟拔河、龙舟往返赛、沅陵传统龙舟横渡及广东省的5人龙舟等,这些具有浓郁的民族色彩和广泛群众基础的龙舟竞渡,其活动内容已从单一化向多样化转变。当今的龙舟竞渡实际上已经演变成一种以水上的龙舟竞渡为核心的集体育、文化、娱乐、旅游、经贸为一体的综合性活动。

(三)龙舟赛事商业化、竞技化和大众化并存

随着龙舟品牌赛事的推出、媒体的广泛参与、举办城市的大量经济投入,以往的赛事组织的模式被改变,龙舟赛事进入社会化、商业化阶段。随着龙舟运动的发展,各个国家、地区相继成立龙舟协会,龙舟运动由大众化向竞技化迈进。从国内来看,许多城市和地区利用端午节、国庆节、山水文化节及各类旅游节举办龙舟邀请赛,结合自身的场地条件和民俗风情,举办一些大众参与较多的5人龙舟、冰上龙舟和各类传统龙舟比赛。

(四)龙舟运动的科学化

随着龙舟运动的发展,相关科学研究问题越发凸显,主要表现在:龙舟制作的工艺与材料的研制;龙舟舟体的各类数据的测算,尤其是12人龙舟;龙舟训练负荷的生物学监控;划桨技术的分析与探索;龙舟赛事的组织与管理;龙舟市场的开发与利用;等等。

(五)龙舟运动的产业化

随着龙舟运动的发展,龙舟赛事产品及赛事服务产品应运而生,主要表现为龙舟器材的产业化。此外,龙舟纪念品、比赛服装、各方媒体转播、竞技表演等也初步形成了产业化模式。

二、我国龙舟运动发展对策建议

(一)加快龙舟市场化运作

龙舟运动作为中国传统文化的重要组成部分,其持续发展既需要深厚的民众基础,也离不开品牌化与市场化的推动。业内专家强调,高质量的龙舟赛事对社会和经济都具有显著的正面影响。为了实现龙舟运动的长期发展,需要政府、企业和社会各界的共同努力。通过举办更多高级别的龙舟赛事,可以吸引更多的观众和参与者,进而推动龙舟运动的持续发展。同时,通过市场化运作,可以为龙舟运动注入更多的活力,使其成为体育文化产业

中的一个崭新亮点。

(二)加大对后备人才的培养

我国部分学者也对此进行了相关研究,简列如下。

黎细凤认为,龙舟文化蕴含着热爱祖国、热爱人民、乐观向上、勇往直前的人文精神。龙舟文化与传统节日端午节联系紧密,弘扬龙舟文化,发扬龙舟精神,就是传承爱国情怀,弘扬爱国主义精神,丰富传统文化宝库,增强中华民族的凝聚力。

李海华认为,龙舟运动的本质就是全民参与,让每位公民都享受到体育运动带来的快乐,龙舟文化就是宣扬人人参与、全民锻炼的健康文化,龙舟文化的内涵就是发扬以人为本精神、自强不息精神、团结协作精神。

李长鑫经过进一步深入研究指出,随着龙舟运动的竞技化、国际化、商业化发展,现代龙舟运动更加追求顽强拼搏、团结进取的体育精神,这便是龙舟文化在新时代应运而生的、符合时代特色的新龙舟文化理念。

辛梦霞在《"湖北龙舟大赛"的发展现状及对策研究》一文中,从体育赛事产业的角度,运用SWOT分析方法,针对湖北省龙舟运动发展现状进行了研究分析,并指出龙舟运动的发展道路。她认为,湖北省有发展龙舟运动得天独厚的条件,已经连续举办了5届龙舟大赛。但她也指出,现在湖北龙舟大赛存在诸多问题,如媒体报道不足、比赛持续时间较短、比赛地域限制大、比赛形式单一、缺乏创新等,进而提出相应的建议:首先,培养社会需求;其次,创新龙舟赛事的相关产品;再次,整合并利用高校资源;最后,加强媒体运作,从而为湖北龙舟赛事乃至全国龙舟赛事的完善和发展提供理论支持。

何飞、伍广津和李婷婷在《对广西龙舟运动发展现状的研究分析——以柳州融安县龙舟比赛为例》一文中,对柳州融安县的龙舟比赛的优势和制约因素进行了深入研究,延伸至龙舟比赛对融安县的经济影响,从而提出要推进龙舟运动在广西地区及全国的发展。该文针对龙舟赛事的发展提出以下建议:第一,和企业进行合作,形成多元化的经费筹集发展模式;第二,大力提高技术水平,同时积极引进高水平的教练;第三,完善竞赛规则;第四,提高观众观赛的文明程度。

凌远清在《顺德龙舟活动现状及发展策略》一文中，以"龙舟之乡"顺德为例分析了当前地方龙舟比赛中存在的龙舟选手缺乏的现状，指出要想大力发展龙舟比赛，扩大其影响力，就要在青少年中积极培养新的龙舟选手，使龙舟运动后继有人。

蔡华在《从2011广州国际龙舟邀请赛看龙舟运动发展》一文中，从广州国际龙舟邀请赛的现状引申到全国龙舟运动的开展情况，认为龙舟比赛在中国龙舟协会成立以后有了很大的发展，但是仍存在教练员水平有限、场地限制大、各个高校的参与积极性不高和比赛制度不完善等亟须解决的问题。只有这些问题得到解决，龙舟运动才能更好更快地发展。

简波、齐莹在《我国龙舟赛事无形资产开发的SWOT分析及战略选择研究》一文中分析了我国目前龙舟赛事在无形资产的开发过程中所具有的优势和劣势，以及面临的机遇和挑战。他们从内部和外部两个方面总结了我国龙舟赛事无形资产开发有着政府主导、悠久的历史文化优势，但存在赛事组织不规范的管理制度、缺乏专业人员、没有强有力的文化核心的劣势，并由此提出，随着经济发展，应该不断提高龙舟赛事的专业水平，规范赛事制度管理，充分利用好国家的政策扶持，并培养一系列的专业人才队伍。

张笋、简波在《我国龙舟赛事无形资产开发的现状研究》一文中总结了龙舟赛事的广告发布权、冠名权、电视转播权、标志使用权和赛事名称使用权的开发现状。他们认为我国目前的龙舟赛事市场开发是十分有限的，并未能促进龙舟赛事更好地发展，这就需要在举办赛事的同时大力培养赛事市场，通过各种手段提升市场和赛事影响力，进而通过一系列的无形资产开发，转换成赛事的经济效益。

于秋生、李宇树、徐宏兴、张文革在《现代龙舟运动发展特点及其无形资产的开发与利用》一文中，针对龙舟运动的竞技性、广泛性和主导性的特点，联系当前经济的发展趋势，提出相应的建议：要想充分发挥龙舟赛事无形资产的经济和社会价值，就要进一步加强基础体育无形资产的建设，通过媒体渠道对赛事进行大力宣传，建立健全相关的法律制度，充分发挥体育文化的内涵并重视与企业的合作。

第三章　龙舟运动技术

第一节　龙舟运动的击鼓技术

鼓手是一条龙舟的总指挥,是赛事的运筹帷幄者,在传统龙舟竞渡中只有德高望重的人才能胜任鼓手工作。龙舟比赛中一切行动都要听从鼓手鼓点的引导。鼓手的临场经验和综合素质是取胜的关键。

一、击鼓姿势

击鼓姿势可分为站立击鼓、坐姿击鼓、单脚跪姿击鼓。鼓点、鼓法各有不同,与当地传统习俗关系密切。

一般在龙舟比赛中,鼓手采用的是坐姿击鼓,如图3-1所示。鼓手作为全队的指挥中心坐在船头的高凳上,在船快速行进过程中,为减少阻力,也由于惯性,鼓手通常会根据节奏,做向前收腹动作。

二、鼓手专项技术

(1)一声法:双槌同时击鼓,或单槌击鼓,桨入水。
(2)两声法:一声重,一声轻,重声桨入水,轻声桨出水。

鼓声可以有很多变化,但不论鼓手怎样敲或划手怎样跟,目的只有一个,即划手都是以桨入水那一瞬间恰好落在鼓声节奏中的强拍上,使全队划桨动作整齐、节奏统一。

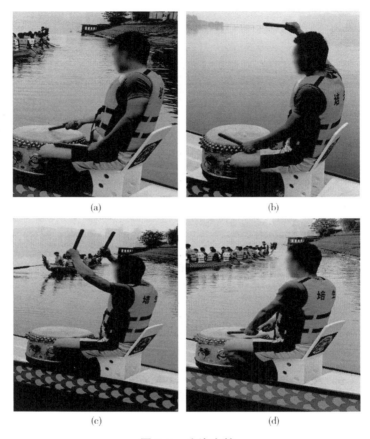

图 3-1　坐姿击鼓

三、击鼓常见错误

（1）鼓声时大时小，鼓手前臂发力过硬，抬手击鼓时高时低，腕力控制不好。

（2）鼓手与领桨手的划桨节奏不一致。

（3）鼓手握鼓槌过紧，易造成虎口处大拇指侧或食指侧破皮；鼓手握鼓槌过松，易造成鼓槌脱手。

四、击鼓动作关键

鼓手击鼓时思想要高度集中,要做到鼓点节奏心中有数,控制腕力,落鼓快,鼓声不拖泥带水,声音清脆。

五、击鼓力度与节奏

击鼓力度大小和节奏快慢的变化可有效地控制龙舟速度,击鼓力度大、节奏快能有效刺激划手中枢神经的兴奋性,调动情绪,使其奋力划进。反之,龙舟速度则会下降。尤其是在训练中,枯燥无味地划进容易使划手产生疲劳感,造成训练质量下降,而鼓手变化一下鼓声节奏、敲敲花鼓,可调动划手的积极性,提高训练质量。在比赛中,尤其是两条船并行划进、势均力敌时,鼓手的鼓声、音量控制尤显重要。鼓手击鼓一定要有气势,要能提高划手的兴奋度,适时地掌握时机,在划手体能接近极限的时候激励大家发挥潜能,是鼓手应该认真研究的技巧。

六、击鼓方式

鼓手在起航阶段、比赛阶段、接近终点冲刺阶段应采用不同的击鼓方式。起航阶段鼓点要急促,比赛阶段鼓点要稍缓,接近终点冲刺阶段鼓点要急促有力。

七、击鼓方法

平时训练与正式比赛的击鼓方法不同。平时训练时鼓点要慢而缓,而在正式比赛时要根据实际情况和既定战术有节奏、有目的地击鼓。

第二节 龙舟运动的划桨技术

龙舟速度的快慢,除了与战术安排、训练水平有关,关键在于每一桨的划水效果如何。划水效果的好坏,又取决于划桨技术是否科学合理。划桨技术分为预备姿势、入水、划水前半阶段、划水后半阶段、卸水还原5个环节。

一、正确的划桨技术动作

(一)握桨

龙舟的握桨方法是根据划桨操作的位置而定的。右排的划手左手先放在桨把的上端,四指从外向内并拢,掌心紧贴桨把上端,大拇指从内向外包住桨横把。右手在桨的下端(桨叶与桨把的交界处),四指从外向内并拢,大拇指从内向外包住桨把。左排划手的握桨要领与右排一样,划手只要左、右手换位即可。握桨动作如图3-2所示。

[动作关键]划行时手要自然放松,不能握得太紧,以免手心被磨起泡。

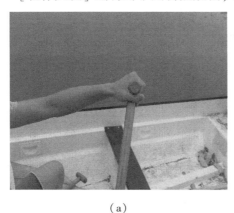

(a)　　　　　　　　　　　　(b)

图3-2 握桨动作

(二)坐姿

右排划手的身体保持坐姿,右大腿外侧紧靠船边,右腿弯曲,脚掌后撑自己座位下的隔板,左腿半屈,脚掌前蹬前排隔板(左、右腿也可互换)。左侧臀大肌坐在座位板上,右侧臀大肌抵在座板前边沿处形成支点,防止向前伸桨时身体后移,影响技术动作完成。左排划手的坐姿与右排相反。坐姿动作如图3-3所示。

[动作关键]合理利用两腿前蹬后撑的力量,稳定身体重心。身体前

俯,躯干扭转,充分做伸肩动作。拉水时脚要前蹬,移桨时脚要后撑。

图 3-3　坐姿动作

（三）入水

入水是从桨叶尖端接触水面到桨叶全部浸入水中的阶段。入水是力量传递的重要部分。划手在前一个恢复阶段有力摆动的基础上,再加速将桨叶靠近船体向前与船体平行地推出。这时,划手的躯干前倾,扭紧躯干,使背部接近于面向划桨一侧,两臂伸直,抬高推桨的肘部,使拉桨肩向前,推桨肩稍后移,肘弯曲。右排划手桨入水动作如图 3-4 所示。

[动作关键] 桨入水的角度为 60°~80°。如右排划手,桨入水时,上体前压,左臂下压,右臂先向前推桨后拉桨。

图 3-4　右排划手桨入水动作

（四）拉水

桨叶入水后,推桨手迅速前推并撑住,使桨叶抓住水。拉桨手的肩后移,利用抬体和转体的力量直臂向后拉桨。从桨叶入水后到拉桨,运动员应将身体重量压在桨上。拉桨时腰背用力,臀部肌肉紧张。拉桨手拉过臀部开始屈臂。拉桨手的手腕先向内转,同时肘部向外翻,到上体抬至接近垂直时拉桨结束。拉水动作是由一连串连续的同时向两个相反方向运动的动作所组成的,要尽可能长地保持用力的距离。右排划手拉水动作如图3-5所示。

[动作关键] 拉水距离要尽量长,拉水时间尽可能短而快。

图3-5　右排划手拉水动作

(五)出水

在拨桨时,两臂继续向上提桨,桨叶即迅速从水中提出。起桨向前时,桨的下叶不能碰水面,以免产生阻力,也不能提得太高,否则会影响向前伸展手臂和入水时间,以及配合划行时的速度。

[动作关键] 左、右臂放松上抬提桨,桨不能提得太高,距离水面3~5厘米为佳。

(六)向前回桨

比较常用的有以下两种方法。

(1)左手或右手下压,使桨几乎与水面平行,接着右臂或左臂往前推桨,然后入水。这种方法适合风浪较大的比赛场地,划手身材不高,但手臂力量大。

(2)左臂或右臂上抬前推。前推过程中桨叶不能碰到水面,以免产生阻力。

[动作关键] 移桨过程中手臂一定要放松,为拉水过程做准备。

(七)平桨

在龙舟停止划行时,要将桨叶平贴水面,双手横握桨,以避免风浪过大影响龙舟的稳定性,保持龙舟平衡,提高龙舟在水面的安全系数。平桨动作如图3-6所示。

[动作关键] 桨叶的桨面要平放于水面。

图3-6 平桨动作

(八)插桨挡水

要想使行进中的龙舟快速停下来,就要求所有划手集体将桨面垂直于龙舟前进方向插入水中挡水,左排划手左手(右排划手为右手)弯曲肘关节,将肘关节抵于腰部,手掌根抵在桨把处前推,上手伸直后拉,使桨前倾与前方水面成60°~90°夹角。右排划手插桨挡水动作如图3-7所示。

[动作关键] 桨面斜向前插入水中,划桨下端的手肘关节抵住腰部保持不动。

图3-7 右排划手插桨挡水动作

(九)倒桨

桨向前划水,使龙舟倒行,划桨下端的手向前推,上端的手向后拉,使龙舟获得向后的动力。倒桨动作如图3-8所示。

[动作关键] 划桨的节奏要慢,用力要协调一致。

(a)
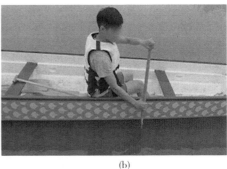
(b)

图3-8 倒桨动作

(十)侧向划桨和挑桨

使龙舟获得侧向动力,多用于侧方位停靠龙舟,即桨向龙舟侧面划和桨由侧面向外挑,例如,龙舟向左侧横向移动,就左侧向内划水,右侧向外挑桨,反之同理。注意节奏要慢,防止龙舟侧翻。侧向划桨和挑桨动作如图3-9所示。

[动作关键] 动作节奏要慢,用力不能过大。

(a)

(b)

图3-9 侧向划桨和挑桨动作

二、错误的划桨技术动作

错误的划桨技术动作如下。

1. 桨的入水角度(桨叶入水时桨身与水平面之间的夹角)大于90°

龙舟前进的动力来自水对桨叶的反作用力,获得向前反作用力越大,龙舟前进的速度就越快。这种划法由于桨的入水角度大于90°,划手发力划水时自然有一个向上挑的动作。这样,桨叶作用于水的作用力就是斜向上的,从而得到的水的反作用力是斜向水下的。斜向水下的反作用力会产生两个分力,一个是水平分力,另一个是向下的作用力,这会使龙舟下沉,水的阻力增加,影响龙舟前进的速度。错误的桨入水角度如图3-10所示。

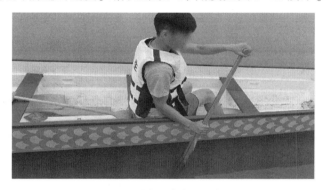

图3-10 错误的桨入水角度

2. 划水距离短

在划桨频率相同的情况下,每一桨的划水距离过短,划手蹬腿转腰的力量没有得到充分发挥,桨对水的作用力也未能充分发挥出来,由物理学公式 $F=ma$ 推出加速度 $a=F/m$,由于人、舟总质量不变,此时龙舟获得的加速度就小,龙舟的速度提高就慢。

第三节　龙舟运动的舵手技术

优秀的舵手会给全队带来信心,使队员没有后顾之忧,全身心地投入比赛;反之,会给队员造成心理负担。因此,舵手的技术在龙舟运动技术中显得尤为重要。龙舟是否走得直、速度的快慢都和舵手水平高低有直接关系。

一、舵手掌舵的基本姿态

龙舟比赛中,舵手掌舵的基本姿态最常见的有坐姿、跪姿和站姿。

(一)坐姿(图3-11)

图3-11　舵手坐姿

舵手的身体正对或侧对前方,坐在龙舟的尾部,两脚置于左右舱,稳定支撑身体;握住舵柄,扶住舵杆,使舵叶垂直于水面,两眼注视前方。

(二)跪姿

舵手身体侧对前进方向,左小腿横在龙舟尾部舵手位置,以左膝关节和左脚掌顶住两侧船舷,右脚踏在船舱内,稳定支撑住身体;右手握住舵柄,左手扶住舵杆,使舵叶垂直于水面,两眼注视前方。

(三)站姿

舵手身体侧对前进方向,右脚前左脚后,头右转,目视前方;右手握住舵柄,左手扶住舵杆,使舵叶垂直于水面,时刻观察周围情况。这种姿势的最大优点是视野宽阔,便于舵手观察,多在顺风时采用。

二、舵手的操作技术

(一)点式技术

舵入水后很快就提出水面称为点式技术,这种技术适用于龙舟在行驶过程中无明显的侧风和左右划手力量均衡,龙舟的行驶方向改变小的情况下。具体操作方法为:舵手坐在船尾,右手握紧舵柄,左手握住舵杆,将桨叶压离水面,且全神贯注,要非常敏锐地感觉到船体方向细微的变化,当船稍有偏航时,马上采用点式技术将船修正。例如,龙舟在行驶过程中,舵手感觉到船在向左侧偏时,应马上将舵叶压入水中并向外推出后压起,反复几次后将龙舟行驶的方向修正,然后将舵压离水面。这种技术在龙舟稍有偏航时采用效果较好,而且产生的阻力小,对龙舟速度的影响不大。如果龙舟继续向左偏航,可采用有节奏的点式打舵技术,即舵叶连续入水推起,舵叶入水的角度应根据偏航的大小及舵手的力量大小灵活掌握。

如果舵手注意力不集中,或者技术较差,船体偏航很大时再修正航向,会产生很大的阻力,而且由于龙舟速度产生的惯性,船偏航时离心力较大,舵手势必要将舵叶压入水中并用力外推,这样会给船一个横向的力,舵叶在水中的时间变长了,产生的阻力就加大了,对龙舟速度有很大的影响。因此,龙舟在行驶过程中,舵手要集中注意力,观察和感觉行驶方向的变化并及时修正。

(二)拨式技术

当龙舟偏离航向较大时,选中水中的一个点,迅速将舵叶下压并横向推

(拉)舵杆的打舵方式称为拨式技术。具体操作方法为：如果龙舟在行驶过程中偏向左侧，此时舵手可以右手握紧舵柄，左手握住舵杆先内收舵杆后上抬，将舵叶压入水中后向外推出，以此来修正船的方向。此项技术一般应用于风平浪静情况下的龙舟掉头、靠岸，以及龙舟进入航道时摆正航向等，效果较好。在有风浪的情况下采用此技术掉头和靠岸很难保持龙舟的平稳，在龙舟行驶过程中一般也不宜采用，因为拨式技术的阻力比点式技术大得多。

(三)拖式技术

龙舟在行驶过程中，舵叶始终在水中控制方向，称为拖式技术。当船体方向改变很大时采用此项技术，一般为初学者所采用。

这项技术可有效控制龙舟方向，比较稳定，在有风浪的情况下采用此项技术掉头、靠岸比较平稳。但是因舵长时间拖在水中，故产生的摩擦阻力最大。龙舟偏航越大，舵桨与前进方向的角度也就越大。因此在比赛中不建议采用此项技术。

龙舟掉头和靠岸，或者需要大幅度、急速地改变方向时，可先采用拨式技术，当龙舟的运行状况快要达到要求时，就应采用拖式技术来保持平稳。

原则上，在训练和比赛中，不论舵手采用何种技术，都要尽可能地减少龙舟的阻力，保持龙舟速度。因此，舵手要熟练地掌握这些技能，根据赛场的实际情况灵活运用这些技术，使划手的力量尽可能多地用在提高龙舟速度上。

三、舵手掌舵的注意事项

（1）起航前应将龙舟对直航道，如遇风浪不能对直时，舵手应及时联络划手帮助改变龙舟方向。起航时不要将舵拖在水里，应将舵压起，减小阻力，提高龙舟的初速度。

（2）比赛时认真观察航道，避免串道。

（3）熟知训练场和赛场水域情况，如暗礁、暗桩、水草、绳索、钢丝、水流、暗流、起终点和赛道情况等。

（4）比赛中应观察风向，要有良好的辨别风向和风力的能力，熟知不同风向对龙舟的影响，以便在比赛中利用风力来保持和提高龙舟速度。顺风时可采用站立掌舵，借助风力提高龙舟速度；逆风时要坐着掌舵，以减少阻力。

（5）左右排划手的划桨不齐、体重不等及风浪对龙舟造成的影响会使龙舟左右晃动。此时舵手在掌好舵的同时，要利用自身的体重和舵在最短时间内将龙舟调整好，使之平稳行驶。

（6）在比赛冲刺阶段要把船提前摆正，尽量少打舵，以免影响龙舟速度，但要以保持方向不变、不串道为原则。

（7）在比赛中如没有航道标，舵手应选择远处一个明显的参照物，使眼睛、船头、参照物成一条直线，随时进行调整，以减少无谓的划行，保持最短距离划行。

舵手技术关键点：在训练和比赛过程中，不论舵手采用何种技术，都要尽可能地减少龙舟的阻力，保持航向和龙舟速度。舵手要养成及时预判的习惯，在船体没有完全偏离航线的情况下进行调整，减少大量地操舵对龙舟产生阻力。

四、舵手面对各种风向影响的应对技巧

（一）遇前侧风时

龙舟在行进过程中如遇前侧风，舵手应及时调整龙舟的方向，根据风力的大小，采用点式技术或者拖式技术将龙舟的航向修正。如果是左前侧风，龙舟势必会向左侧偏离，因此舵手就应该采用连续的点式技术或者拖式技术，使龙舟始终保持航向不变。如果是右前侧风，龙舟势必会向右偏离，则舵手应采取的动作相反。舵手也可将这几种技术交替使用，目的是尽量减小阻力，保持龙舟速度。

（二）遇后侧风时

龙舟在行进过程中如遇后侧风，舵手应根据风的方向借助风力来进行

操作。如果是左后侧风,舵手就应将舵拖在水中向外推,推的力量大小应根据风力大小来决定,或者采用断断续续的点式技术,将舵叶点入水中向外推压,舵手此时亦可站立掌舵,借助风力提高龙舟速度。如果是右后侧风,舵手应采取的动作则相反。

第四章 龙舟运动选手的体能训练

第一节 龙舟运动专项力量训练

一、龙舟运动专项力量的含义

关于力量的含义,在不同学界存在着不同的表述。例如,在医学领域,通常从肌肉力量发生的内在机制对力量进行描述,认为肌肉力量是指肌纤维收缩对抗阻力时所产生的力。而在运动训练学领域,则从选手肌肉收缩后对抗阻力产生的效果来揭示力量的定义,最具代表性的是马特维耶夫的观点。他认为力量是通过肌肉紧张,进而克服身体活动的机械外力或对抗肌肉外力使身体保持活动效果的能力。由此可知,医学与运动训练学对力量的定义的区别在于,运动训练学将力量看作与身体活动相联系的形式,是以特定形式表现出来的主动对抗外界阻力的能力。

随着研究的不断深入,为了能够更好地提升选手力量训练的效果,学者们进一步揭示了力量的外延,例如,根据力量与体重的关系将力量分为绝对力量与相对力量;根据力量与肌肉的收缩形式将力量分为向心收缩力量、离心收缩力量及等张收缩力量;根据力量与专项技术的关系将力量分为一般力量和专项力量。无论对力量如何进行划分,其都是任何形式力量的上位概念。近几年专项力量被广泛运用于运动训练领域,其是力量的下位概念。本书所采用的力量概念沿用马特维耶夫的观点,即力量是指通过肌肉紧张,进而克服身体活动的机械外力或对抗肌肉外力使身体保持活动效果的能力。

在训练学领域,专项力量一直被看作力量的下位概念。关于力量的定义,学界基本已达成共识,但对专项力量概念的诠释目前尚无定论。例如,在国外研究中,专项力量的定义主要以霍缅科夫和盖姆伯特的观点为代表,他们认为:专项力量是模仿运动技术且参与运动技术应用的运动,无论在动作上,还是在速度上,都与技术保持较高的一致性。在国内,最早对专项力量进行定义的是王保成和马明彩,他们认为:专项力量是指直接参与完成专项技术动作所需的特定肌肉或肌群克服阻力所产生的力量能力。

虽然对专项力量概念的诠释目前缺乏统一的标准,但不同专家、学者对专项力量的内涵和特征的理解也存在一定共识,即专项力量概念的指向性是一致的,都与专项技术能力的发展与发挥密切相关。因此,专项力量是指在保证选手完成技术和战术的条件下,身体肌肉参与收缩或克服阻力的力量能力,但对不同运动项目选手的专项力量进行概述时要考虑项目技术或战术能力的差异,既要遵循运动项目的共性规律,也要尊重选手个体的差异。

龙舟属于体能类水上竞速型运动项目。根据龙舟运动比赛的时间和供能特点,龙舟运动属于中等强度到大强度爆发性用力的项目,属于有氧、无氧相结合的供能方式。根据龙舟技术的特点,在同场竞技过程中,龙舟选手不仅要具备较强的划桨力量,而且要长时间保持划桨动作,因此,要求选手具有良好的速度力量和耐力力量,同时也要求选手具备最大力量输出的能力。另外,根据龙舟运动项目对选手技术特点的要求可以看出:选手划桨过程中,身体姿势及各部位肌肉对动作姿势的控制、身体重心、快速有节奏的转移及转换、重心的平移与身体旋转技术、髋部与腰腹部的扭摆技术、躯干肌群相互对抗和相对紧张、平衡、稳定技术、肩部技术、手臂技术及膝关节弹动技术等有着重要的影响。因此,龙舟选手在划桨过程中,不仅要具备较强的爆发性力量、速度力量和耐力,还要为身体姿势、身体各部位肌肉及关节之间的平稳提供稳定性的力量。

根据力量的概念、专项力量的界定的理论依据,结合龙舟运动项目的特点及技术发挥的特征,龙舟专项力量是指在龙舟比赛过程中选手参与运动的肌肉或肌群在收缩过程中克服身体的阻力及稳定技术、战术所需的能力,可分为爆发性力量、速度性力量、耐力性力量及稳定性力量。

二、龙舟运动专项力量指标的筛选

为了更为全面地评价龙舟选手的专项力量,我们首先通过文献资料查询龙舟、赛艇、皮划艇等运动项目有关选手专项力量的指标,再结合与专家、学者、教练员、选手访谈的结果,初步拟定了大学生龙舟选手专项力量的指标。根据初步拟定的大学生龙舟选手专项力量的46个指标,征求了10名龙舟教练员和20名优秀龙舟选手的意见,选取同意率在80%以上的专项力量指标作为大学生龙舟选手专项力量指标,初步筛选出的指标数量为33个(表4-1),分别为:2 000米平均功率、1 000米平均功率、500米平均功率、250米平均功率、100米平均功率、6分钟平均功率、40秒快拉平均功率、单桨最大功率、1分钟立卧撑、25千克卧推1分钟、20千克卧拉1分钟、40千克负重转体1分钟、40千克负重提踵1分钟、40千克负重蹬台阶1分钟、10千克颈前屈1分钟、30千克拉铃高翻1分钟、40千克前屈伸1分钟、10千克铁桨划水1分钟、平衡垫上单腿支撑、平衡垫上单腿深蹲、100米跑、1 500米跑、30米蛙跳、握力、背力、引体向上、最大卧蹬腿力量、侧抛实心球、左右侧桥、最大负重下蹲、5分钟划水成绩、1分钟水上划桨距离、100米水上划桨频率。

表4-1 初步筛选出的龙舟专项力量指标情况一览表

序号	专项力量指标	同意人数/人	同意率
1	2 000米平均功率/瓦	27	90%
2	1 000米平均功率/瓦	26	86.7%
3	500米平均功率/瓦	30	100%
4	250米平均功率/瓦	30	100%

续表4-1

序号	专项力量指标	同意人数/人	同意率
5	100米平均功率/瓦	28	93.3%
6	6分钟平均功率/瓦	30	100%
7	40秒快拉平均功率/瓦	30	100%
8	单桨最大功率/瓦	30	100%
9	1分钟立卧撑/次	30	100%
10	25千克卧推1分钟/次	27	90%
11	20千克卧拉1分钟/次	28	93.3%
12	40千克负重转体1分钟/次	28	93.3%
13	40千克负重提踵1分钟/次	30	100%
14	40千克负重蹬台阶1分钟/次	30	100%
15	10千克颈前屈1分钟/次	30	100%
16	30千克拉铃高翻1分钟/次	30	100%
17	40千克前屈伸1分钟/次	28	93.3%
18	10千克铁桨划水1分钟/次	30	100%
19	平衡垫上单腿支撑/秒	27	90%
20	平衡垫上单腿深蹲/次	30	100%
21	100米跑/秒	27	90%
22	1 500米跑/分钟	28	93.3%
23	30米蛙跳/米	27	90%
24	握力/牛顿	30	100%
25	背力/牛顿	28	93.3%
26	引体向上/次	30	100%
27	最大卧蹬腿力量/牛顿	30	100%
28	侧抛实心球/米	30	100%
29	左右侧桥/秒	30	100%
30	最大负重下蹲/千克	30	100%
31	5分钟划水成绩/米	30	100%
32	1分钟水上划桨距离/米	30	100%

续表4-1

序号	专项力量指标	同意人数/人	同意率
33	100米水上划桨频率/次	29	96.7%

由于本书所选取的指标需进行因子分析,而进行因子分析的前提是要对所选取的指标进行相关性分析,当各项指标之间的相关性系数大于0.4时才可以做进一步的因子分析。所以,对于大学生龙舟专项力量指标的可靠性进行分析更有利于保证后续研究结果的科学性和客观性。由于对龙舟运动专项力量指标进行相关性分析前,要对受试对象进行测试,经测量后才能进行相关性分析,因此,本书选取了两所大学龙舟队的选手作为一个小样本进行测试,小样本群体共24人,对受试者的专项力量指标测试严格按照《体育测量与评价》中所规定的方法和要求进行。

1. 500米平均功率(X_1)测试方法

运用赛艇测功仪,测试选手最大极限负荷条件下500米的平均功率。

2. 250米平均功率(X_2)测试方法

运用赛艇测功仪,测试选手最大极限负荷条件下250米的平均功率。

3. 6分钟平均功率(X_3)测试方法

运用赛艇测功仪,测试选手6分钟的划桨功率,要求在划桨过程中桨频保持在34桨/分左右(相当于比赛时的划桨速度)。

4. 40秒快拉平均功率(X_4)测试方法

利用赛艇测功仪,选手最大限度地增加划桨的频率,持续快拉40秒,计算40秒内的快拉平均功率。

5. 单桨最大功率(X_5)测试方法

利用龙舟划桨控制系统,将该系统固定在桨叶上,选手手持桨叶,模拟比赛过程中的划桨动作,在水中尽自己最大能力进行划桨,通过划桨控制系统计算单桨的最大功率。

6. 1分钟立卧撑(X_6)测试方法

测试时选手保持直立,然后下蹲,两手支撑于两脚侧,与肩同宽,之后两腿向后伸出,呈俯卧支撑,然后收小腿呈半蹲姿势,再还原呈直立姿势,计算1分钟内的立卧撑次数。

7. 40千克负重提踵1分钟(X_7)测试方法

测试开始前,选手负重40千克杠铃,呈直立姿势站好后,开始做提踵动作,尽自己最大能力做1分钟的提踵,计算1分钟内的提踵次数。

8. 40千克负重蹬台阶1分钟(X_8)测试方法

测试开始前,选手负重40千克杠铃,呈直立姿势站在40厘米高的台阶前,听到开始口令后,选手开始脚踏台阶,持续1分钟,并计算1分钟内的蹬台阶次数。

9. 10千克颈前屈1分钟(X_9)测试方法

选手仰卧在垫子上,双手持10千克杠铃,听到开始口令后,颈部向前屈,至下颌与锁骨接触,然后颈部还原,重复下一个动作,持续1分钟,计算1分钟内的次数。

10. 30千克拉铃高翻1分钟(X_{10})测试方法

拉铃高翻分为全蹲式和浅蹲式,而龙舟运动中主要采用浅蹲式拉铃高翻,测试开始前,选手双手持30千克杠铃,听到开始口令后,双手迅速将杠铃用手腕甩到高于胸部位置,同时身体下蹲,用三角肌前束和前胸去顶住杠铃,此时,身体呈浅蹲位,做一次蹲起动作即完成了拉铃高翻,选手持续1分钟,计算1分钟内的次数。

11. 10千克铁桨划水1分钟(X_{11})测试方法

选手双手持10千克的铁桨叶,尽自己最大能力在水中划桨1分钟,计算划桨的次数。

12. 平衡垫上单腿深蹲(X_{12})测试方法

测试开始前,选手双脚站在平衡垫上,测试开始后,选手单腿支撑做深蹲,计算总的次数。

13. 握力(X_{13})测试方法

主要采用便携式握力计,选手呈站立姿势,用自己最大的力量握握力计,双手交替进行,计算双手握力的平均值。

14. 引体向上(X_{14})测试方法

两手用宽握距正握(掌心向前)单杠,略宽于肩,两脚离地,两臂自然下垂伸直,用背阔肌的收缩力量将身体往上拉起,当下颌超过单杠时稍加停顿,然后身体缓缓向下,至手臂伸直,重复下一个动作,直至选手力竭,计算完成的引体向上次数。

15. 最大卧蹬腿力量(X_{15})测试方法

运用卧蹬腿训练器测试,选手仰卧在仪器上,尽自己最大努力完成卧蹬腿,通过仪器计算出卧蹬腿的最大力量。

16. 侧抛实心球(X_{16})测试方法

选手两腿前后开立,整个身体后挺,上身呈反弓形,双手持球于头顶上方,双臂屈成90°,后腿用力蹬地,通过收腹、收胸,以胸带大臂发力,大臂带动小臂,用手腕和手指将球抛出,测量抛出球的距离。

17. 左右侧桥(X_{17})测试方法

选手侧身躺于地面,两腿伸直交叉,上面的腿在前,单轴支撑身体,肘关节保持在肩的正下方,髋部缓慢向上抬起至肩、髋、踝保持一条直线,待选手稳定后开始计时,当身体开始晃动及髋部下降时测试结束,左右各测一次,取平均值。

18. 最大负重下蹲(X_{18})测试方法

选手根据自身负重情况,将杠铃重量加至自己所能承受的最大力量,选手在肩负最大力量时,逐渐由站立姿势开始下蹲,待完全下蹲后,逐渐还原呈站立姿势。

19. 5分钟划水成绩(X_{19})测试方法

利用龙舟划桨控制系统,选手双手持桨叶,模拟水中划桨动作进行极限负荷的划水,通过划桨控制系统记录5分钟划水的距离。

20. 1分钟水上划桨距离(X_{20})测试方法

利用龙舟划桨控制系统,选手双手持桨叶,模拟水中划桨动作进行极限负荷的划水,通过划桨控制系统记录 1 分钟划水的距离。

相关性分析结果显示:所选取的 20 个专项力量指标之间的相关性都达到了 0.45 以上,这更说明本书所筛选的龙舟专项力量指标具有较强的可靠性。

在对龙舟专项力量指标的可靠性进行分析后,我们确定了 20 个专项力量指标作为龙舟专项力量的评价指标,但由于所选择的指标可能被作为判定龙舟专项力量的最终指标,笔者为了保证所选择的专项力量指标的可靠性及科学性,又对两所大学龙舟队的 24 名选手进行了小样本群体的测试。这次测试的指标不仅涵盖所选择的专项力量指标,并且在此基础上对选手的划水效果(每桨平均功率)进行了测试(该测试主要采用我国赛艇队的功率评价计算方法),测试结束后对龙舟专项力量指标的测试结果与划水效果进行相关性分析,发现龙舟专项力量指标与划水效果之间呈高度的正相关关系,相关系数高达 0.85 以上,说明本书所选择的龙舟专项力量指标的可靠性得到了很好的验证。

三、龙舟运动专项力量指标的分类

1. 龙舟运动专项力量的测试结果分析

力量是指那些在外部力学特征、内部生理学特征和心理适应性特征上严格按照专项比赛的技术和战术要求发挥出来的综合力量。力量不仅是选手身体各种与运动相关的功能和能力的状态,同时也是完善运动技术、提高运动成绩的决定性因素。力量可分为一般力量和专项力量两种。在龙舟运动项目中,龙舟选手的专项力量是指在龙舟比赛中与龙舟运动技术相仿的专项技术动作和专项技术训练手段,是影响并决定龙舟选手竞技能力和运动竞赛成绩的一种特殊力量,也称为龙舟专项力量。所以,测试龙舟专项力量的能力不仅可以监测选手的竞技能力状态,而且能检验选手的竞技训练水平。根据选定的 20 项龙舟专项力量指标,对事先选定的优秀的龙舟选手进行专项力量测试,将测得的原始数据带入 SPSS19 统计学软件,经计算和处理得出龙舟选手专项力量指标的水平。

龙舟比赛是对选手专项力量要求极高的运动项目,尤其是高水平选手对专项力量的要求更高。龙舟比赛属于集体性运动项目,要求选手的技术具有高度的趋同性,而身体素质的差异很可能会导致选手在技术上存在一定的差异。因此,龙舟比赛中应尽量保证选手技术运用的统一。选手的力量素质对技术的运用起着决定性的作用,特别是龙舟选手专项力量是运动技术实施体系中非常重要的一个环节。

优秀的龙舟选手专项力量指标如下。

(1) 500 米平均功率(X_1)为 247.87 瓦。

(2) 250 米平均功率(X_2)为 264.42 瓦。

(3) 6 分钟平均功率(X_3)为 219.76 瓦。

(4) 40 秒快拉平均功率(X_4)为 286.65 瓦。

(5) 单桨最大功率(X_5)为 327.18 瓦。

(6) 1 分钟立卧撑(X_6)为 50.01 次。

(7) 40 千克负重提踵 1 分钟(X_7)为 49.78 次。

(8) 40 千克负重蹬台阶 1 分钟(X_8)为 22.14 次。

(9) 10 千克颈前屈 1 分钟(X_9)为 20.74 次。

(10) 30 千克拉铃高翻 1 分钟(X_{10})为 18.49 次。

(11) 10 千克铁桨划水 1 分钟(X_{11})为 41.95 次。

(12) 平衡垫上单腿深蹲(X_{12})为 49.25 次。

(13) 握力(X_{13})为 69.42 牛顿。

(14) 引体向上(X_{14})为 15.87 次。

(15) 最大卧蹬腿力量(X_{15})为 326.71 牛顿。

(16) 侧抛实心球(X_{16})为 14.24 米。

(17) 左右侧桥(X_{17})为 23.48 秒。

(18) 最大负重下蹲(X_{18})为 127.14 千克。

(19) 5 分钟划水成绩(X_{19})为 439.71 米。

(20) 1 分钟水上划桨距离(X_{20})为 259.64 米。

田振华等在 2006 年对我国 62 支高校男子龙舟队选手的专项力量进行测试发现:选手 500 米平均功率(X_1)为 217.14 瓦,250 米平均功率(X_2)为 228.97 瓦,6 分钟平均功率(X_3)为 196.48 瓦,1 分钟立卧撑(X_6)为 43.74

次,握力(X_{13})为33.66牛顿,引体向上(X_{14})为13.24次,最大卧蹬腿力量(X_{15})为305.51牛顿。可见,龙舟选手的专项力量水平得到了显著提升,这可能与教练员竞技训练水平的提升有关,也可能与训练方法的科学化有关。

李兵对全国龙舟锦标赛的专业龙舟选手体能进行测试发现:选手500米平均功率(X_1)为269.7瓦,250米平均功率(X_2)为296.74瓦,6分钟平均功率(X_3)为210.63瓦,单桨最大功率(X_5)为361.48瓦,40千克负重蹬台阶1分钟(X_8)为28.99次,10千克铁桨划水1分钟(X_{11})为20.48次,握力(X_{13})为76.52牛顿,5分钟划水成绩(X_{19})为489.1米。这可能与选手的运动等级水平有关,随着运动等级、水平及竞技能力的提升,龙舟选手的专项力量表现出更高的水平,以此来适应更高水平的比赛强度和压力。

马勇等对武汉体育学院赛艇队男子选手的专项力量进行测试发现:选手单桨最大功率(X_5)为359.36瓦,握力(X_{13})为75.95牛顿,引体向上(X_{14})为17.54次,最大负重下蹲(X_{18})为136.75千克。可见龙舟选手的专项力量水平与赛艇选手存在一定的差距,这可能与运动项目的科学化训练差异有关。赛艇运动属于奥运会比赛项目,为了追求更高的竞技水平,更多的研究者将高水平的训练投入赛艇运动项目中。大学生虽然没有达到专业化的水平,但是借助专业赛艇队的训练也能较好地提高自己的力量素质。

总而言之,普通龙舟选手与专业龙舟选手在专项力量素质方面仍存在较大差异,且与同级别的赛艇选手存在一定的差距。

2. 龙舟选手专项力量的结构属性

龙舟运动项目要求选手合理运用专项身体素质与技术动作完美地组合来适应高水平、大强度、快节奏的比赛。专项身体素质对于选手素质来讲,是一个错综复杂的动态系统,各个专项身体素质之间既相互联系又相互制约,共同组成一个既对立又统一的有机共同体。专项力量作为专项身体素质的一个重要素质,同样也是一个错综复杂的动态系统,各要素之间也同样处于既矛盾又统一的系统中。所以,对于专项力量素质的研究同样也要对其进行分类,如果对专项力量素质不加以分类,在未明确各专项力量素质的属性之前,对选手进行盲目训练,很容易起到反作用。因此,为了更加客观科学地对龙舟选手的专项力量指标进行分类,主要采用因子分析法对其进行有机分类。

将测得的专项力量指标进行 KMO 和球形 Bartlett 检验,结果显示:KMO 量度标准值达到了 0.897,球形 Bartlett 检验值为 0.000,即 P 值小于 0.01,说明原假设被拒绝,专项力量指标的相关数据矩阵与单位矩阵之间存在着非常显著的差异,同时也说明所选取和测试的龙舟选手专项力量指标可以做进一步的因子分析。

3. 龙舟选手专项力量指标结构属性分析

纵观当前龙舟运动的训练,无论是专业团队还是业余团队,都比较重视选手的体能训练,众多的研究也表明:龙舟运动项目的特征决定了选手必须具备较强的体能来保证龙舟运动技术的发挥。但从近几年的训练来看,在重视对龙舟选手体能训练的同时,逐渐向选手专项体能训练过渡。有研究者通过实践发现,专项体能是选手取得优异运动成绩的关键所在,特别是选手的专项力量与龙舟运动比赛任务有着密切的关联,选手在完成比赛的过程中,专项力量对运动成绩起着决定作用。但目前关于龙舟选手专项力量的研究多针对某一专项力量素质进行评价,例如,我国教练员多以"2 000 米比赛中选手完成 200~250 桨的划桨力量"对选手专项力量进行评价;德国教练员多以"力量—时间—曲线"来评价选手的专项力量素质;俄罗斯教练员多以"划桨测功仪"来评价选手的专项力量素质。因此,对龙舟项目的专项力量素质进行评价并未形成体系,建立科学的专项力量评价体系是当前龙舟选手专项体能训练亟待解决的任务。根据本书之前对龙舟选手专项力量指标筛选的研究,并按照属性对其进行分类和命名,共分为 4 类专项力量:爆发性专项力量、速度性专项力量、耐力性专项力量和稳定性专项力量。这 4 类专项力量指标基本涵盖了专项力量的结构属性。

(1)爆发性专项力量素质因子。

根据统计的结果可知,第一主因子结构由单桨最大功率(X_5)、握力(X_{13})、引体向上(X_{14})、最大卧蹬腿力量(X_{15})、最大负重下蹲(X_{18})5 个因子组成。各个因子的属性特征主要反映了龙舟选手短时间内的做功能力、绝对力量能力、相对力量能力和最大力量能力,这些指标的力量能力综合反映了选手自身的爆发能力,故将此命名为爆发性专项力量素质因子。

对高校大学生龙舟选手的爆发性专项力量素质进行测试发现：选手单桨最大功率为327.18瓦、握力为69.42牛顿、引体向上为15.87次、最大卧蹬腿力量为326.71牛顿、最大负重下蹲为127.14千克。

根据爆发性专项力量素质的测试结果，分析其旋转后的因子载荷矩阵发现，爆发性专项力量素质因子的整体贡献率为33.064%。从4类因子的贡献情况看，爆发性专项力量素质居首位，说明其最能反映龙舟选手的专项力量素质，同时也说明其中包含的专项力量指标所携带的信息量最多，在龙舟专项力量中起的作用最大。这可能是由于爆发性专项力量素质中的因子指标与龙舟运动的技术动作比较相似，这些力量指标与龙舟选手的技术动作具有密切的联系，且都是在应用龙舟运动技术动作的条件下完成的身体素质测试和身体机能的综合能力的体现。

①单桨最大功率是反映选手划桨效果的最直接的因素，是推动龙舟前进的直接动力。

②握力反映了个体前臂和手臂肌肉的力量。龙舟选手通过手持桨划水前进，选手对桨握力的大小也影响着划桨的效果，并且其作为桨与身体上肢之间的纽带，同时也起着力量传递的作用。因此，龙舟选手握力的大小既直接影响划桨的效果，也间接影响划桨的效果。

③引体向上是反映选手悬垂力量、肩带力量和握力的重要指标。对龙舟项目划桨动作进行力学原理分析得知，肩带力量的强弱直接影响龙舟选手划桨的频率，直接影响选手单位时间内划桨的次数。

④最大卧蹬腿力量反映了选手下肢的绝对力量。在龙舟比赛中，选手划桨动作主要由上肢来完成，但是力则由下肢产生，传向身体中心，止于远端上肢。因此，划桨力量的效果不仅与上肢力量的强弱有关，而且与下肢力量的强弱也有着重要的关联。

⑤最大负重下蹲同样也反映选手下肢的绝对力量。最大卧蹬腿力量和最大负重下蹲反映的都是选手下肢的绝对力量，但是区别在于前者反映了选手下肢水平面的绝对力量，后者则反映了身体纵向的绝对力量，而根据人体运动的力学原理，任何动作都绝非单一平面的运动，是力通过人体矢状面、水平面和冠状面共同作用的结果。

由此可见,爆发性专项力量素质所包含的 5 个专项力量指标都与龙舟运动的技术特点极为相似,尤其是在爆发性用力环节起着重要的作用,故可用来评价龙舟选手的爆发性专项力量素质。

(2)速度性专项力量素质因子。

根据统计的结果可知,第二主因子结构由 250 米平均功率(X_2)、40 秒快拉平均功率(X_4)、10 千克颈前屈 1 分钟(X_9)、10 千克铁桨划水 1 分钟(X_{11})、1 分钟水上划桨距离(X_{20})5 个因子组成。根据各个因子的属性特征可知,其主要反映的是龙舟选手在短时间内需要保持高功率的输出,尤其是 250 米平均功率不仅体现了龙舟选手开始阶段保持高速前进的能力,同时也体现了其最后冲刺阶段保持高速前进的能力,说明的都是选手在比赛过程中保持高速前进的一种能力,这种能力同样也需要力量做坚实的保障,故将其命名为速度性专项力量素质因子。

对高校大学生龙舟选手的速度性专项力量素质进行测试发现:选手 250 米平均功率为 264.42 瓦、40 秒快拉平均功率为 286.65 瓦、10 千克颈前屈 1 分钟为 20.74 次、10 千克铁桨划水 1 分钟为 41.95 次、1 分钟水上划桨距离为 259.64 米。

根据速度性专项力量素质的测试结果,分析其旋转后的因子载荷矩阵发现,速度性专项力量素质因子的整体贡献率为 23.966%,从 4 类因子的贡献情况看,速度性专项力量素质居第二位,说明其基本具有反映龙舟选手专项力量的功能,同时也说明其中包含的专项力量指标占据第二多的信息量,在龙舟专项力量中所起的作用位居第二。这可能是由于速度性专项力量素质中的因子指标也与龙舟运动有着比较相似的技术动作,这些力量指标与龙舟选手的技术动作具有密切的联系,且都是在应用龙舟运动技术动作的条件下完成的身体素质测试和身体机能的综合能力的体现。

①250 米平均功率体现了龙舟选手开始阶段和最后冲刺阶段保持高速前进的能力,这种能力也需要力量做坚实的保障。

②40 秒快拉平均功率反映了个体手臂力量的速度性指标。龙舟选手通过手臂划桨快速划水前进,选手对桨的快速拉伸的平均功率的大小也影响着划桨的效果,决定了在高速前进中保持稳定向前的速度的能力,同时也起

着速度与力量的传递作用。因此,龙舟选手快拉平均功率的大小不仅直接影响划桨的速度,而且间接影响划桨的速度。

③10千克颈前屈1分钟是反映龙舟选手在比赛过程中的身体稳定与平衡性的重要指标。对龙舟项目划桨动作进行力学分析可知,10千克颈前屈1分钟的强弱直接影响着龙舟选手划桨的频率与稳定性,直接影响着龙舟选手在比赛中的稳定性速度与力量。

④10千克铁桨划水1分钟反映的是选手上肢的绝对力量,在龙舟比赛中,选手的划桨动作主要由上肢来完成。因此,划桨力量的效果与上肢力量的强弱有直接关系。

⑤1分钟水上划桨距离反映的是龙舟选手在单位时间内划桨的次数与速度,体现的也是上肢的一种绝对力量。

由此可见,速度性专项力量素质所包含的5个专项力量指标都与龙舟运动的技术特点极为相似,尤其是在速度性专项力量环节起着重要的作用。

(3)耐力性专项力量素质因子。

根据统计的结果可知,第三主因子结构由500米平均功率(X_1)、6分钟平均功率(X_3)、40千克负重提踵1分钟(X_7)、30千克拉铃高翻1分钟(X_{10})、5分钟划水成绩(X_{19})5个因子组成。根据各个因子的属性特征,它们主要反映了龙舟选手的力量耐力情况,是保证高强度持续性做功的能力,故将其命名为耐力性专项力量素质因子。

对龙舟选手耐力性专项力量素质进行测试发现:选手500米平均功率为247.87瓦、6分钟平均功率为219.76瓦、40千克负重提踵1分钟为49.78次、30千克拉铃高翻1分钟为18.49次、5分钟划水成绩为439.71米。

根据耐力性专项力量素质的测试结果,分析其旋转后的因子载荷矩阵发现,耐力性专项力量素质因子的整体贡献率为19.487%。从4类因子的贡献情况来看,耐力性专项力量素质居第三位,说明其反映的龙舟选手专项耐力的素质,是龙舟运动比赛中不可或缺的一项专项素质。这些力量指标与龙舟选手的技术动作具有密切的联系,且都是在应用龙舟运动技术动作的条件下完成的身体素质测试和身体机能的综合能力的体现。

①500米平均功率反映的是选手在划桨过程中在一段距离内的持续性

效果,是推动龙舟稳定向前的不竭动力。

②6分钟平均功率反映了龙舟选手在一定时间内稳定、持续前进的素质能力,以保证龙舟在高速前进中依然能在一定时间内保持速度稳定。

③40千克负重提踵1分钟反映的是龙舟选手下肢的耐力性专项力量。在龙舟比赛中,选手的划桨动作主要是靠上肢来完成的,但是力则是由下肢产生的,传向身体中心,止于远端上肢。因此,划桨力量的效果不仅与上肢力量的强弱有关,而且与下肢耐力性力量的强弱有着重要的关联。

④30千克拉铃高翻1分钟是反映龙舟选手上肢耐力性专项力量素质的因子。对龙舟项目划桨动作进行力学原理分析可知,上肢耐力性专项力量的强弱直接影响龙舟选手划桨的频率与持久性,直接影响选手划桨次数。

⑤5分钟划水成绩是反映选手在比赛划桨时间内的持续性动作与成绩水平的指标,此项指标用来保证龙舟在高速前进中维持稳定的速度。

由此可见,耐力性专项力量素质所包含的5个专项力量指标都与龙舟运动的技术特点极为相似,尤其是在耐力性用力环节起着重要的作用,故可用来评价龙舟选手的耐力性专项力量素质。

(4)稳定性专项力量素质因子。

根据统计的结果得知,第四主因子结构由1分钟立卧撑(X_6)、40千克负重蹬台阶1分钟(X_8)、平衡垫上单腿深蹲(X_{12})、侧抛实心球(X_{16})、左右侧桥(X_{17})5个因子组成。根据力量指标的属性特征可知,它们反映了选手核心稳定性力量的能力,尤其是侧抛实心球和左右侧桥在考查选手核心稳定性能力方面已得到学者们的广泛认可。另外,在龙舟比赛中,选手不仅要表现出大力量的输出,而且要通过核心部位的力量来控制和稳定身体的姿势,对于选手技术的发挥同样至关重要,故将其命名为稳定性专项力量素质因子。

对龙舟选手稳定性专项力量素质进行测试发现:选手1分钟立卧撑为50.01次、40千克负重蹬台阶1分钟为22.14次、平衡垫上单腿深蹲为49.25次、侧抛实心球为14.24米、左右侧桥为23.48秒。

根据稳定性专项力量素质的测试结果,分析其旋转后的因子载荷矩阵发现,稳定性专项力量素质因子的整体贡献率为13.176%。从4类因子的贡献情况来分析,稳定性专项力量素质居第四位,说明在龙舟运动中其贡献的力量不像其他 3 项那么大,但从以上数据分析得知,其中的因子指标可能也与龙舟运动有着比较相似的技术动作,这些力量指标与龙舟选手的技术动作具有密切的联系,且都是在应用龙舟运动技术动作的条件下完成的身体素质测试和身体机能的综合能力的体现。

①1 分钟立卧撑是反映选手腰背肌、腹肌、肩带力量以及心肺功能素质的指标。对龙舟运动项目划桨动作进行力学原理分析可知,腰腹肌力量与肩带力量的强弱直接影响龙舟选手划桨的频率与持续时间,直接影响选手单位时间内划桨的次数。

②40 千克负重蹬台阶 1 分钟是反映选手下肢力量速度的重要指标。

③平衡垫上单腿深蹲同样是反映下肢力量的指标,同时更注重的是选手的稳定性力量。40 千克负重蹬台阶反映的是身体水平面的稳定性专项力量,平衡垫上单腿深蹲反映的则是身体纵向的稳定性专项力量。

④侧抛实心球反映的是选手核心稳定性能力。

⑤左右侧桥反映的也是选手核心稳定性能力。

由此可见,稳定性专项力量素质所包含的 5 个专项力量指标都与龙舟运动的技术特点极为相似,尤其是在稳定性用力环节起着重要的作用,故可用来评价龙舟选手的稳定性专项力量素质。

第二节 龙舟运动选手上肢专项耐力训练

一、耐力素质及专项耐力

(一)耐力素质

关于耐力的定义,专家学者们做了很多研究。田麦久认为,耐力指的是人体能够在较长时间内从事某一项活动的能力。张洪潭认为,耐力指的是人体能够在较长时间内维持运动状态的能力。美国学者格罗斯认为,耐力指的是能够维持某种活动较长时间的能力。综合上述学者的看法可以大致做如下概括,耐力是能够在较长时间内维持某种运动的能力。耐力从字面上来理解就是忍耐力、持久力,但并不限于身体上的,也包括精神上的。本书从运动学的角度研究,认为耐力是指人们克服疲劳,让身体持续工作的能力。因此,选手的耐力训练就是要提高选手在比赛过程中克服疲劳的能力,使比赛变得游刃有余。在龙舟运动训练中,耐力是非常重要的运动素质之一。龙舟竞赛要求选手在比赛过程中发挥应有的竞技水平,因而要求选手具备良好的耐力素质,即拥有能够在疲劳的状态下继续维持运动状态的能力。耐力对于选手的专项竞技水平来说是非常关键的。良好的耐力素质有助于选手更好地克服在训练和比赛中出现的疲劳,承受更大的训练负荷,提高训练效果,并在比赛中取得优异的成绩。

(二)专项耐力

对耐力素质进行科学有效的分类,能够帮助我们更好地把握耐力各个素质间所存在的联系。由于分类的出发点和方法不同,耐力素质的分类也不同。

按耐力素质对专项的影响不同,耐力素质分为一般耐力和专项耐力。专项耐力这一概念在多年前就已被提出,但到目前为止,学术界依然未能对其做出明确的解释。在《体育科学词典》中,专项耐力指的是选手在较长时间内维持某项专项运动的能力。田麦久在《运动训练学》一书中提出,专项耐力指的是选手在长时间内一直反复练习某种专项运动的能力。专项耐力的主要特征是突出体现专项特点,满足专项运动的需求。由于比赛距离不同,对选手的耐力要求也不同。综上所述,笔者认为,专项耐力是指选手进行某项竞技运动时,为了提高专项成绩,最大限度地动员体能,长时间地承受专项负荷并保持工作的能力。

二、竞技龙舟选手上肢专项耐力

关于竞技龙舟选手上肢专项耐力的概念,并没有明确的官方定义。根据选手肌群数量的不同,耐力可以分为局部耐力和全身耐力。其中局部耐力主要是上肢耐力,指的是选手的身体上肢部位在较长时间内维持某项运动的能力。下面从竞技龙舟选手上肢划桨动作来分析上肢运动在竞技龙舟中的重要性,以便对上肢专项耐力有更好的理解。

(一)竞技龙舟选手上肢划桨动作的分析

竞技龙舟选手上肢划桨过程中的动作包括插桨、拉桨、提桨、回桨。划桨是一项具有周期性特点的运动,通常来说,划桨的一个周期又包括4个阶段,即空中外摆桨阶段(外摆指的是从提桨出水到桨在空中向外摆至桨中位)、空中举插阶段(举插指的是从桨中位经空中举桨至最高位迅速向前下插入水)、水中拉桨阶段(拉桨指的是从桨入水到把桨拉近身体部位)、水中提桨阶段(提桨指的是水中拉桨完成后顺势向上提桨出水面)。在完成这些动作的过程中,主要关节及肌肉工作的特点有所不同(以左桨划水为例)。

1. 插桨动作的主要关节及肌肉工作的特点

(1)左臂。

①手关节:手指屈,握桨把,腕正位。此处主要由屈指浅、深肌与腕长屈肌收缩做静力性工作。

②肘关节:肘呈150°~170°屈,并旋内。此处主要由肱二头肌、肱三头肌收缩做动力性工作。

③肩关节:肩外展并旋内。此处主要由三角肌、冈上肌、胸大肌、背阔肌收缩做动力性工作。

(2)右臂。

①手关节:手指屈,握桨柄末端,腕旋内位。此处主要由屈指浅、深肌与腕长屈肌收缩做静力性工作。

②肘关节:肘呈110°~170°屈,并旋内。此处主要由肱二头肌、肱三头肌收缩做动力性工作。

③肩关节:肩外展并旋内。此处主要由三角肌、冈上肌、胸大肌、背阔肌收缩做动力性工作。

2. 拉桨动作的主要关节及肌肉工作的特点

(1)左臂。

①手关节:手指屈,握桨把,腕正位。此处主要由屈指浅、深肌与腕长屈

肌收缩做静力性工作。

②肘关节：肘呈 150°~170° 到 70°~80° 屈，并旋内。此处主要由肱二头肌、肱三头肌收缩做动力性工作。

③肩关节：肩关节伸及内收。此处主要由三角肌后部肌纤维、胸大肌、背阔肌、冈下肌、肱三头肌、大圆肌、小圆肌收缩做动力性工作。

（2）右臂。

①手关节：手指屈，握桨柄末端，腕旋内位。此处主要由屈指浅、深肌与腕长屈肌收缩做静力性工作。

②肘关节：肘呈 110°~170° 到 90°~110° 屈，并旋内。此处主要由肱二头肌、肱三头肌收缩做动力性工作。

③肩关节：肩后伸内收并旋内，此处主要由三角肌后部肌纤维、胸大肌、背阔肌、大圆肌、小圆肌、冈下肌收缩做动力性工作。

3. 提桨动作的主要关节及肌肉工作的特点

（1）左臂。

①手关节：手指屈，握桨把，腕旋内位。此处主要由屈指浅、深肌与腕长屈肌收缩做静力性工作。

②肘关节：肘呈 90°~110° 到 70°~40° 屈，并旋内。此处主要由肱二头肌、肱三头肌收缩做动力性工作。

③肩关节：肩关节伸及内收。此处主要由三角肌后部肌纤维、冈下肌、胸大肌、背阔肌收缩做动力性工作。

（2）右臂。

①手关节：手指屈，握桨柄末端，腕旋内位。此处主要由屈指浅、深肌与腕长屈肌收缩做静力性工作。

②肘关节：肘呈 90°~110° 到 110°~140° 屈，并旋内。此处主要由肱二头肌、肱三头肌收缩做动力性工作。

③肩关节：肩关节伸及内收。此处主要由三角肌、肱三头肌、冈下肌、胸大肌、背阔肌收缩做动力性工作。

4. 回桨动作的主要关节及肌肉工作的特点

(1)左臂。

①手关节:手指关节屈,握桨把,腕正位。此处主要由屈指浅、深肌与腕长屈肌收缩做静力性工作。

②肘关节:肘呈 70°~40°屈回伸到屈曲 150°~170°,并旋内。此处主要由肱二头肌、肱三头肌收缩做动力性工作。

③肩关节:肩关节屈并外展。此处主要由胸大肌、肱二头肌长头、喙肱肌、三角肌、冈上肌收缩做动力性工作。

(2)右臂。

①手关节:手指屈,握桨柄末端,腕旋内位。此处主要由屈指浅、深肌与腕长屈肌收缩做静力性工作。

②肘关节:肘由 90°~110°屈回伸到屈曲 110°~170°,并旋内。此处主要由肱三头肌收缩做动力性工作。

③肩关节:肩关节前屈并外展。此处主要由胸大肌、三角肌、冈上肌收缩做动力性工作。

以上对龙舟选手上肢在划桨过程中的关节与肌肉的特点进行分析,龙舟选手上肢运动就是插桨、拉桨、提桨、回桨连续交替进行的过程,肌肉工作发力主要体现在拉桨出水阶段。躯干的发力转动在先,其次是上肢发力拉桨,最终通过上肢、躯干、下肢连接传递到龙舟上,从而推动龙舟前进。

(二)竞技龙舟选手上肢专项耐力的含义

根据龙舟技术的特点,龙舟选手在划桨过程中,不仅要具备较强的划桨力量,而且要保持较长的划桨时间。因此,在比赛过程中,要求选手具有良好的速度耐力和力量耐力,同时也要求选手具备最大氧量持续供应能力。通过分析,可以看出龙舟运动是一项涉及肌肉协调的工作,也是每一个队员自身肌肉群的协调活动,即由固肌使定点骨关节固定,通过上肢和身体其他肌肉群协调配合完成。在上肢活动中,手关节、肘关节、肩关节相对,出于动力性工作状况的需求,这时肌肉无明显的收缩放松,而是长期处于紧张状态,代谢产物不易排出,氧和营养物也不易及时得到补充,肌肉易疲劳,因此,在划桨过程中,要不断加大上肢专项耐力的运动强度,并保持这种专项耐力来划桨以推动龙舟前进。根据耐力的概念、专项耐力概念的界定以及对龙舟运动上肢专项动作的分析,结合龙舟运动项目的特点,笔者认为,竞技龙舟选手上肢专项耐力指的是在龙舟比赛过程中,选手为了取得优异的成绩,其身体上肢部位在长时间高强度的划桨过程中承受舟体前行阻力所产生的疲劳,并保持持续划行的能力,这种能力包括上肢有氧耐力、上肢速度耐力以及上肢力量耐力。

三、竞技龙舟运动项目的专项特征

"专项特征"指运动项目在符合比赛规则的前提下,以最大限度地提高运动利益为目标,在竞赛学、训练学、生理学等方面表现出的主要运动特点。对专项运动的特征进行完整、准确和有针对性的解释和定位,是竞技运动训练的前提。对专项运动内在、微观和动态的细节变化进行深入了解和认识,是当前探索和研究专项特征的主要发展趋势。我们通常将龙舟运动定义为以高速为特征,以有氧和个体能力为基础,以每桨划船效果为核心的技术性、集群性体能项目。深刻认识龙舟项目的特征有利于提高运动成绩。

(一)竞技龙舟运动的竞赛学特征

从竞赛学角度看,龙舟运动比的是速度,而划桨频率和划桨距离直接关系到龙舟前进的速度。其中,划桨频率与运动员专项速度耐力水平、肌肉类型等息息相关,划桨距离则由运动员的身体素质、专项力量耐力水平等因素决定。所以,在运动员身体状况确定的前提下,要想提高龙舟划行速度,必须不断提高运动员的专项速度耐力水平和专项力量耐力水平。运动员在日常训练中,可以通过练习技术划、阻力划、有氧划等来提高划行能力。提高龙舟前进速度还有另一种方法,即最大限度地提高每一桨的输出功率(力量×速度),从而提高每桨的划船效果。提高和保持每桨的输出功率要求龙舟运动员的力量、耐力和速度都达到较高的标准。另外,龙舟在前进过程中并不是一直处于连续状态,所以为了让龙舟以较高的速度前进,应尽量减少划桨时身体起伏对舟体前进的破坏。龙舟运动员在舟体高速行进中只有具有良好的肌肉放松和协调能力、合理的技术，才能使这种非连续性划船运动对舟体连续性前进的破坏降到最低。

(二) 竞技龙舟运动的训练学特征

龙舟运动作为一项传统运动项目，既有文化内涵，又有其训练学特征。根据北京体育大学田麦久教授的项群理论分类，从竞技能力主导因素的差异来看，龙舟运动是一种体能类项目；从运动项目的动作类型来看，龙舟运动的周期较为单一；从运动成绩的衡量方式来看，龙舟运动是一种测量类项目。竞技龙舟运动的训练内容主要包括以下几种。

1. 以体能为主导，同时发展多种竞技能力的训练

竞技龙舟运动员不论是在提高运动智能、心理能力方面，还是在提高战术能力方面，都要将发展体能放在首位。在反映运动员体能发展水平的力量、速度与耐力的各种运动素质中，要把发展运动员的耐力素质放在重要的位置。

2. 以专项耐力为核心，同时发展多种竞速能力的训练

竞技龙舟项目比拼的是速度，因此，在运动员训练的过程中，要大力发展和提高以最高的平均速度通过专项竞技距离的能力。另外，运动员在不同的阶段，对速度的要求也是有所不同的。因此，运动员要根据自身状况和比赛的具体要求来制订训练计划，以保证在比赛过程中发挥出最佳水平。

(三) 竞技龙舟运动的生理学特征

1. 供能特征

竞技龙舟比赛项目较多，主要比赛距离有200米、500米、1 000米、2 000米等。龙舟运动员以参赛为目的的训练，是在有氧耐力训练的基础上，根据该项目的生理特点进行专项训练，以发展 ATP-CP 供能和无氧供能系统。

(1) 有氧供能系统的主导作用。

在大强度龙舟比赛中，前45秒主要靠无氧供能来完成，同时 ATP-CP 供能系统也会有一定比例的供能，在45秒~1分钟，乳酸堆积达到最高峰，从而抑制了肌肉进一步产生乳酸,导致运动能力降低,此时有氧系统的供能被动员。在500米、1 000米、2 000米以上距离的比赛中,有氧系统的供能超过了50%,因此有氧供能系统在龙舟长距离比赛项目中占有主导地位。

(2)乳酸供能系统的先锋作用。

乳酸供能系统的时间为60~90秒,它具有动员快、功率大的特点,在起航加速阶段,龙舟运动员划水节奏快、动作周期短,一开始运动供能水平就达到最高值,乳酸供能系统以其快速反应和高输出在这段时间起到先锋作用,因此该供能系统在龙舟短距离比赛项目中占有主导地位。

(3)ATP-CP供能系统的缓冲作用。

ATP-CP供能系统的动员速度比乳酸供能系统快,它可以提供直接的能源物质ATP,为乳酸系统和有氧系统赢得时间。

2. 肌纤维特征

快肌纤维的直径与慢肌纤维相比略大,且含有的收缩蛋白更多。慢肌纤维附近的毛细血管比快肌纤维要多,且慢肌纤维的肌红蛋白含量要高于快肌纤维,因此,通常情况下,慢肌纤维的颜色表现为红色。另外,慢肌纤维所含的线粒体更多,且支配其活动的运动神经元较小,传导速度慢,一般为2~8米/秒。而快肌纤维由较大的运动神经元支配,传导速度快,可达8~40米/秒。在龙舟短距离比赛项目中,龙舟运动员骨骼肌中快肌纤维的百分比较高。长距离比赛项目既需要耐力,又需要速度,所以运动员肌肉中的快肌纤维和慢肌纤维的百分比相当。

四、竞技龙舟选手上肢专项耐力训练的方法与手段

竞技龙舟选手上肢专项耐力水平主要受两方面因素的影响:一是先天的遗传因素;二是后天长期大强度的训练。因此,有必要提高肌肉的力量耐力和速度耐力,并对选手划桨的技能进行改善,从而达到龙舟比赛的要求。在对选手进行训练时,应当根据选手的不同特点进行训练,通过正确的训练方法来强化选手的心血管功能,从而提高专项体能。选手能否赢得龙舟比赛在很大程度上取决于选手是否具有较强的上肢专项耐力,而龙舟上肢专项耐力主要指的是划船速度和保持船速的能力。为此,要在以下3个方面下

功夫:一是重视速度耐力的训练,以增强选手的起航能力和冲刺能力;二是提高力量耐力的训练,以增强选手每一桨的拉桨能力;三是强调有氧耐力的训练,以保证选手的划桨动作保持协调。龙舟项目主要考验选手的身体是否具有较强的耐力,在比赛的整个过程中,选手会产生强烈的疲劳感。因此将选手的疲劳感降到最低,才能确保比赛正常进行。要想拥有较强的耐力,克服疲劳感,龙舟教练员必须通过运用新方法和新技术,来帮助龙舟选手更好地进行上肢专项耐力训练。这将促使龙舟选手将专项耐力训练理论应用到训练实践中去,使体能运动训练达到事半功倍的效果。

本书在总结前人研究结论的基础上,根据体能训练理论,在对选手进行训练时,结合龙舟项目的专项特征,将旨在提高选手上肢专项耐力的不同方法与手段结合起来,探索出了一套适合龙舟选手上肢专项耐力的训练方法,该方法包括:上肢力量耐力训练方法、上肢速度耐力训练方法和上肢有氧耐力训练方法。

笔者依据《运动训练学》《体能训练》《龙舟运动高级教程》等书籍中关于力量耐力、速度耐力以及有氧耐力的训练方法与手段,访谈并总结相关专家、运动训练学者、体能训练师对上肢专项耐力训练方法与手段的见解,最后深入竞技龙舟队一线,通过记录优秀竞技龙舟队伍的比赛情况与日常训练负荷,并与优秀龙舟教练针对选手的上肢力量耐力、上肢速度耐力、上肢有氧耐力的训练手段与训练负荷进行探讨,总结出上肢专项耐力训练的方法。

上肢力量是龙舟选手需要发展的重要运动素质之一,竞技龙舟选手的上肢力量在比赛15~20秒的起航期、20秒~8分的途中期、15~20秒的冲刺期均表现出重要作用。快速启动需要力量耐力,保持舟艇的高速前进需要力量耐力,强劲的冲刺也需要力量耐力。

(一)力量耐力训练负荷的确定

力量耐力指的是人体肌肉在较长时间内维持克服阻力状态的能力。根据肌肉工作的方式,可将力量耐力分为动力性耐力和静力性耐力,动力性耐力又可细分为最大力量耐力(重复发挥最大力量的能力)和快速力量耐力

(重复快速发挥力量的能力)。

1. 负荷强度

力量耐力对负荷强度的要求较高。通常情况下,当负荷强度相等时,绝对力量越大,力量耐力越强。所以,多进行力量训练能够帮助选手提升力量耐力。力量耐力发展的决定因素是运动的持久性和最大力量的程度。训练应当以增强肌肉的耐力为主,以中等强度负荷为主要训练手段。所以,采用25%~75%的负荷量,血乳酸值为6~8毫摩/升,心率为160~175次/分。

2. 负荷数量

力量耐力训练的负荷数量指的是动作的重复次数和训练组数。动作的重复次数主要为多次,当达到上限后停止运动。动作的精确次数由负荷强度来决定。训练组数根据选手的情况而定,通常情况下,训练组数不能过多,不能通过增加训练组数来弥补重复次数的缺陷,否则只会起到负面作用。

3. 间歇时间

间歇时间主要为30~90秒,具体数值由练习的时间和参与肌肉数量的多少来决定。若选手的训练时间很短,例如在60秒左右,且在几组训练完成以后,肌肉已经处于较为疲惫的状态,应当在体能还未完全恢复时开始下一次训练。

(二)力量耐力训练的方法与手段

1. 利用自然环境负重训练法

(1)训练一。

①无风时,1、3、5、7、9号桨位划,2、4、6、8、10号桨位休息,划2×[4×(20~30)桨+1 000米放松划],每组完成后交换。

②逆风时,1、3、5、7、9号桨位划,2、4、6、8、10号桨位休息,划2×[4×(20~30)桨+1 000米放松划],每组完成后交换。

(2)训练二。

①无风时,1、3、5、7、9号桨位划,2、4、6、8、10号桨位挡水,划2×[4×(20~30)桨+1 000米放松划],每组完成后交换。

②逆风时,1、3、5、7、9号桨位划,2、4、6、8、10号桨位挡水,划2×[4×(20~30)桨+1 000米放松划],每组完成后交换。

负重训练法的方式有很多,例如,增加船身重量,在船身压杠铃片来增加阻力;或者增加桨的重量,把比赛桨换成5千克的铁桨进行训练,都可以起到负重训练的效果。

2. 持续间歇训练法

根据肌肉物质交换的关系,如要发展力量耐力可采用持续间歇训练法进行训练。持续间歇训练法指的是负荷强度较低、负荷时间较长、小间断地连续进行练习的训练方法,在练习过程中,平均心率应该为130~170次/分。

3. 单人200米训练法

通过对竞技龙舟训练队实地训练观察发现,单人200米标准划龙舟时间为1分54秒,心率为171~179次/分;整体500米标准划龙舟平均时间为1分50秒,平均心率为170~179次/分。从时间及运动强度上看,单人200米划和整体500米划都比较接近,选手有氧、无氧代谢比例都为50%。因此从供能代谢比例上看,单人200米划和整体500米划具有明显的相似性。从运动训练的原理上分析,在客观条件不变的情况下,单人竞技能力的提升必然会带来整体成绩的提升,因此,在龙舟训练中,运用单人200米训练法来提升力量耐力是可行的。

4. 功能性训练法

(1)运用吊绳、水阻划船器等训练器械,通过负荷重量和多次练习的方式来增加上肢的力量耐力。

负重抗阻力的训练方法有很多种,而负荷重量和练习次数可以随着选手状态的变化而不断变化,这是训练最常用的手段。

①吊绳斜拉(划船式)。训练者夹臂握吊绳向后靠,身体从肩至脚踝呈一条直线做伸拉,身体重心越低向地面,阻力就会越明显增加。斜拉可以增强上肢下拉的稳定性,还能很好地锻炼抓握力量以及肱二头肌、肱三头肌力量。

②借助水阻划船器进行上肢的力量耐力训练来模拟划船,在规范动作

的前提下逐渐增加划船器的阻力,每组的阻力以总重量的10%增加,通常按5组30次进行训练。

③T形俯卧撑,锻炼上肢肩关节在划船过程中旋转中心的稳固性。在划船过程中,肘关节相对为固关节,划桨的每个动作都是以肩关节为轴做周期性运动,在训练时按5组×30次进行练习。间歇时可采用慢跑等手段调节,注意在间歇时充分放松肩关节与肘关节方可进行下组训练。

(2)无器械练习。

训练者依靠短暂的静力作用发展上肢力量耐力,而对抗性练习不需要任何训练器械和设备,又可引起选手的兴趣,调节训练气氛。

训练者自然呼吸,双手随呼吸的节奏握拳与舒张,规定好握拳与舒张之间的间隔。进行3组训练,每组训练在60次以上,间歇5分钟(间歇时充分放松手掌与前臂)后再进行下一组训练。在后期训练中可加快节奏。无器械握力可有效增加选手拉桨时的手掌握力和前臂力量。

(3)克服弹性物体变形阻力的练习。

使用拉力器、弹力带等,依靠克服弹性物体变形而产生的阻力发展上肢力量耐力。

①弹力带阻力练习。将弹力带固定在桨上,增加上肢划行时的阻力,有利于发展上肢的稳定性,以此训练龙舟运动员在陆上的技术动作。训练时可分为插桨、拉桨、划桨、提桨4个动作进行练习,稳固专项技术动作,在后期训练中可增大阻力来增强力量耐力。

②BP划船式、BP交错站立交替划船式、CLA交错站立俯身交替划船式,针对运动员在划桨过程中的发力特点,重点训练前臂、肱二头肌、肱三头肌及三角肌在拉桨环节的收缩力。

(4)利用力量训练器械练习。

在对力量耐力进行训练的过程中,可以使用联合器械来加以配合。在练习时,身体可以保持不同的姿势。运用力量训练器械进行练习,能够发展运动员的上肢力量耐力,还能够减轻运动员的心理负担。

①负重模拟划船。通过增加桨的重量来进行阻力练习。在训练过程中,保持与专项技术动作一致,根据不同赛段的特点进行有节奏的耐力训

练,通常采用 55~60 桨/分,进行 5 组训练。前期训练中可以使用 5 千克铁桨进行练习,在后期训练中可适当增加桨的重量。

②正握、反握引体向上。采用 3 组×10 次进行训练。

③DB 交错站立俯身单臂划船式。进行单臂划船训练时应用主划桨臂进行练习。

④DB 或 KB 垂直划船。这是对低至高划船式和肱二头肌弯举运动的补充和自然进阶,是锻炼上肢力量的极佳方式。

⑤MB 双臂对角线砍削,主要针对龙舟运动员回桨、插水的力量耐力进行训练。

⑥用力量绳做上下交替、劈绳、甩绳画圆(顺时针和逆时针方向)训练。力量绳训练主要是上肢肌肉稳定性和耐力训练。

⑦模拟划船动作,做杠铃俯身划船动作。

(5)超长距离的训练计划。

能量转换处于有氧/无氧过渡领域,在准备和衔接训练中,每个负荷处于 1 000~3 000 米。基础训练中的距离是 750~2 000 米,休息要积极,船速要明显降下来,作为定向可以算双倍的负荷时间。此时的训练计划如下。

①2~4 组×750 米。

②2~4 组×1 000 米。

③3 组×1 500 米。

④2 组×2 000 米。

⑤2 组×3 000 米。

第五章　构建我国高校龙舟运动课程体系

第一节　构建我国高校龙舟运动课程体系的意义

(一) 社会发展的需要

人类文明发展到 21 世纪,全球经济一体化趋势日益明显,人类社会步入了知识经济时代,经济的发展比以往任何时候都更加依赖于知识的生产、传播和应用,知识成为经济社会发展的驱动力。这使得课程改革越来越引起社会的广泛关注和人们的高度重视。要想培养适应新世纪社会发展需要的创新人才,保证教育质量,就必须根据时代特点来进行课程改革,以使我们的教育教学更能适应社会发展,从而培养高质量的、适应时代发展的人才。

(二) 国家政策的导向

早在 1995 年我国就颁布了《全民健身计划纲要》,明确规定了到 2010 年的奋斗目标:努力实现体育与国民经济和社会事业的协调发展,全面提高中华民族的体质与健康水平,基本建成具有中国特色的全民健身体系。1999 年,中共中央、国务院印发的《关于深化教育改革全面推进素质教育的决定》指出:"健康体魄是青少年为祖国和人民服务的基本前提,是中华民族旺盛生命力的体现。学校教育要树立健康第一的指导思想,切实加强体育工作。"因此,当前我国高校体育课程改革的首要任务是依据"健康第一"的指导思想来培养21世纪合格的人才,逐步完善高校体育课程改革,构建符合时代特征的体育课程体系。随着社会的发展和进步,体育的内涵和外延也发生了转变,健康的衡量标准不仅指身体健康,同时也包括心理健康、对社会的适应能力及道德品质健康。

龙舟运动对人类自身素质的发展具有重要意义。龙舟运动可以强健人的体魄,锻炼人的意志,尤其在培养爱国主义精神、集体主义精神以及同心协力的品质、良好的道德修养等方面具有其他运动项目无可比拟的优势。

(三)我国龙舟运动当前发展的需要

龙舟运动作为我国一项传统体育项目,已经有两千多年的历史。我国是龙舟运动的起源国和推广国,龙舟运动在当代一直发展比较迅速,水平稳中有升,前些年在世界龙舟竞赛活动中始终保持一定的优势。但近几年来,龙舟运动在东南亚和欧洲各国也得到重视和发展,我国在龙舟竞技水平上的优势已经受到严峻挑战,主要原因有:我国对龙舟运动规律、特点、技战术的研究还不够;对教练员的培训、提高、关注不够;对龙舟青少年训练、后备人才培养缺少相应的管理办法和措施。

为了改变这种局面,更好地迎接挑战,使我国的龙舟运动得到更好的发展,必须加强人才的培养、加大科研力度,制定一系列相应的管理办法和措施。高校在这些方面具有无可比拟的优势,开设龙舟运动课程可以为我国龙舟运动培养更多的人才,为科研的发展提供强有力的保障。正如中国龙舟协会副主席、亚洲龙舟联合会秘书长雷军所说,在高校中开展龙舟运动是有着积极作用的,高校龙舟推广对弘扬民族凝聚力、向上求索的精神有着潜移默化的作用。高校是我国推广龙舟运动的一个重要阵地,为龙舟运动的发展提供了非常广阔的空间。在高校中开展龙舟运动,是今后我国推广龙舟运动的一个重要发展方向。

(四)改变龙舟运动研究现状的需要

通过实地调查和查阅文献资料发现,龙舟运动已经成为高校学生最喜欢的运动项目之一,参与人数以及对龙舟文化、技能和知识的需求不断增加。主要存在的问题包括:龙舟运动的基础理论薄弱;对其内涵和内在的价值以及文化资源蕴藏量缺乏深层次的理论与实践研究;学科体系建设不完善;对龙舟运动项目的学习和研究,多是以进军奥运会、民运会或是其他形式的比赛为重点,着重开发它的竞技性,而忽视了民族传统体育中娱乐和表演的成分,越来越背离民族传统体育的普及任务;龙舟运动在高校的传承缺乏全面性、系统性、规范性和民族性。因此,在高校开设龙舟运动课程,对其课程体系进行构建就显得尤为重要。

第二节 构建我国高校龙舟运动课程体系的举措

一、当今开展龙舟运动的社会背景及需求

龙舟竞渡是一项历史久远、流传广泛、深受人民群众喜爱、已形成传统、富有意义的文化体育娱乐活动,它之所以长盛不衰、世代相传,主要是由于它深深植根于广大人民群众之中。它寄寓着各族人民丰富的情感,陶冶着各族人民高尚的情操。它有益于锻炼人们的身体,激发人们搏击风浪、激流勇进的精神,培养人们团结拼搏、齐心协力、共同配合的集体主义精神。龙舟运动作为民族传统文化的一部分,具有诱人的魅力、巨大的发展潜力和无比广阔的前景。鉴于此,为了推动龙舟运动更快、更好地发展,需要加强龙舟运动的理论建设和科学研究,培养更多优秀的龙舟运动人才。

龙舟运动作为一项有着悠久文化内涵的体育项目,展现的是团队集体合作的精神,突出了人与自然的结合以及人类向自身能力挑战的意志,越来越得到更多人的喜爱并参与其中。因此,借助龙舟运动这个载体,更好地向世界宣传中国,促进中国和世界各国的交流与发展,培养文化和技术全面的龙舟人才就成了当务之急。而在高校开设龙舟运动课程,构建龙舟运动课程体系正是解决当务之急的有效办法。

二、我国高校开展龙舟运动的回顾

我国高校开展龙舟运动的时间虽然不长,但由于高校是传承我国灿烂文化的前沿阵地,并且龙舟运动现已成为世界各国大学生相互学习与交流的桥梁和纽带,所以龙舟运动从进入高校的那天起就以前所未有的速度向前发展。

随着社会的发展、经济的繁荣,龙舟竞渡迅速由我国南方推广到北方。20世纪80年代末,北京市和天津市开始开展龙舟运动。天津市龙舟运动协会成立后,1988年首次在天津市举行龙舟邀请赛。此次比赛主要以娱乐为主,为了渲染气氛,天津师范大学、天津医科大学也派队参加了比赛。由于参赛队伍没有经过系统的训练,此次龙舟竞赛水平较低。到了21世纪初期,龙舟运动在湖北省、山东省、吉林省、黑龙江省等地区也都得到了很好的开展。各地每年举行各种奖杯赛、邀请赛,参赛队伍越来越多,规模越来越大,竞技水平也越来越高,其中高校龙舟队扮演的角色也越来越重要。2004年,中国大学生体育协会赛艇与龙舟分会在天津工业大学成立,首次加入的会员有33所高校,其中包括香港科技大学和澳门理工学院,标志着中国大学生龙舟运动有了自己的管理机构和竞赛组织。2005年,教育部批准了10所高校为龙舟高水平运动队试点校,对高校龙舟运动的发展起到了巨大的推动作用,成为我国龙舟运动发展过程中的一股新生力量,水平不断提高,令世人瞩目。2006年7月,中国大学生体育协会赛艇与龙舟分会首次组织高校龙舟队参加了在辽宁省沈阳市举行的第十四届"屈原杯"全国龙舟锦标赛;10月,又组织高校参加在天津市举行的"国际大学生龙舟邀请赛暨中国首届大学生龙舟锦标赛",从此我国高校龙舟运动迈入了蓬勃、健康、可持续发展的轨道。2008年,"国际大学生龙舟邀请赛"成功举办。一方面,国内外著名大学的参与,对弘扬中华优秀传统文化,传播龙舟精神起到了很好的推进作用;另一方面,在天津"国际大学生龙舟邀请赛"的推动下,我国各省市高校龙舟运动更是方兴未艾。

三、我国高校开设龙舟运动课程的现状

自1994年教育部制定并实施《高等教育面向21世纪教学内容和课程体

系改革计划》以来,全国各地高校置身于面向21世纪的教学内容和课程体系改革的热潮,许多项目都取得了可喜的成果,高校龙舟运动进入了一个新的发展阶段。

虽然目前高校龙舟运动的实践水平不断提高,但是龙舟运动的理论发展却滞后于实践。当前成立龙舟队的高校,虽然也开设了关于龙舟运动方面的课程,但这些课程都是以文化选修课或者素质拓展课的形式出现的,教学内容也局限在中国龙舟历史、传统、文化,世界龙舟发展概况,龙舟技术等方面,且内容不成体系。因此,以龙舟运动课程体系为研究对象,从宏观上揭示其产生、形成、发展的一般规律,建立其理论框架和学科体系就显得尤为重要。

四、对我国高校开设龙舟运动课程的共识

现代工作生活的高效率、快节奏和社会竞争的激烈等,都对人的身心素质提出了更高、更新的要求。龙舟运动在我国已经有两千多年的历史,拥有坚实的群众基础。作为一项集体项目,其对爱国精神、集体主义精神及勇往直前的精神有淋漓尽致的体现。作为一项休闲体育运动,它对人的心理调节起到了重要的作用。

五、我国高校开设龙舟运动课程的时代价值

(一)龙舟运动的文化传承价值

文化是人类在长期的生产生活过程中为适应多种需要而创造和继承下来的成果,它随着历史的演变而不断地进化,并丰富着自己的内涵。产生于两千多年前的龙舟竞渡,其社会基础就是它能在不同程度上顺应和满足人们普遍性的心理和生理需要。龙舟的制作过程、龙舟运动的古老习俗、龙舟的文化内涵等都以其自身的生命力、吸引力在情感上与大众产生共鸣,从而使人们积极参与龙舟运动,将其发展并传承下去。

高校有浓厚的学术氛围,专家学者相对集中,因此,在高校开展龙舟运动,对于龙舟文化的传承、龙舟运动的宣传、龙舟运动的快速发展都是大有

裨益的。

(二)龙舟运动的观赏、娱乐价值

当代社会,人们常在大型活动中通过划龙舟来增添节日的喜庆气氛。比赛时,锣鼓喧天,观众人山人海,不论是竞技者还是观众,都能从活动中得到较直接的、愉悦的主体情感的抒发,此时龙舟的观赏、娱乐价值得到了完美的体现。

(三)龙舟运动的健身价值

龙舟竞渡是集群众性、娱乐性与竞技性于一体的活动,形态自然,人们可以在欢快的气氛中自然地完成操作,达到锻炼的目的。龙舟竞渡的技术特点是需要全队配合,这就要求大学生在比赛时集中精力、团结配合,对情况做出正确的判断,从而提高人体感受器官的功能,提高中枢系统的灵活性及运动中枢支配人体器官的能力。长期承受一定的运动负荷能提高内脏器官的功能,如心脏收缩能力增强、呼吸系统功能增强、循环系统功能增强等。可见,龙舟运动有着很高的健身价值。对于大学生而言,通过龙舟竞渡,可以强健体魄、愉悦身心,促进个性的形成和发展,培养良好的集体观念、自我观念及意志品质。

(四)龙舟运动的交流价值

各种文化和活动只有在相互交流、相互借鉴中才能得到长足的发展,龙舟运动也和其他民族传统体育项目一样离不开交流。为进一步宣传龙舟运动,促进龙舟运动在世界范围内的广泛传播,1985年,中国龙舟协会在湖北宜昌成立。随着文化交流的深入,1991年,国际龙舟联合会在中国香港成立,此后相继有亚洲和欧洲的龙舟联合会成立。通过交流,加强了具有地方特色的不同民族的龙舟运动的相互借鉴和学习,促进了龙舟技术的改进和提高,增进了各国人民、各民族之间的友谊,促进了经济贸易的发展。大学生通过龙舟运动,可以增强其爱好和平的意识。

(五)龙舟运动的教育价值

龙舟运动作为一种民俗活动,其本身也是群体性的自我教育和自我娱乐的文化生活方式。它在遵循各民族风俗习惯的基础上,通过形式多样的、民族性和娱乐性较强的、对民众有广泛吸引力的系列活动来发挥其巨大的教育潜能,诸如在德育、美育、体力和智力开发等方面所起的积极作用,特别是在伦理观念、价值观念相同的文化背景下对认同感和民族精神的培养方面,起到了潜移默化的作用,使人们产生了强烈的民族自豪感。

六、我国高校开设龙舟运动课程的有利条件、不利条件及其对策

(一)我国高校开设龙舟运动课程的有利条件

1. 广泛的群众基础

龙舟运动作为我国特有的一种民间文化形态,在其发展的两千多年里形成了浓厚的历史文化底蕴,已成为深受广大人民群众喜爱、具有广泛群众基础、蕴藏悠久历史文化传统的体育休闲娱乐活动。在这种背景下,高校开设龙舟运动课程适应社会发展的需要,具备坚实的群众基础。

2. 丰富的自然条件

我国蕴藏着丰富的户外运动资源,这是我国群众体育"天然的运动场"。我国的水上运动场所资源丰富,自然条件得天独厚,这为我国高校开设龙舟运动课程提供了必要的自然环境基础。

(二)我国高校开设龙舟运动课程的不利条件及其对策

1. 学生训练时间和学习时间的冲突

学生在校期间的训练时间和学习时间难免发生冲突,尤其是在参加比赛期间,这种冲突更是无法避免。

对策:需要学校的全力支持、统一安排,帮助学生协调课程、安排补课和另行考试等。

2. 学生流动性强

每年都有优秀的龙舟运动员毕业,造成人员流动性强,每年运动队的人员都是新老结合,水平与专业队相比具有很大的差距。

对策:可以留下一部分老队员,合理安排新老队员的比例;可以自行组织比赛,加强磨合,使新队员尽快适应。

3. 龙舟运动在高校校园的宣传力度不够

对策:充分利用校报、电视、网络等工具,对高校龙舟运动进行宣传;加强与媒体的合作,进一步扩大龙舟运动的影响力;对高校举办的一些重要的龙舟比赛进行现场直播,并争取社会、企业的赞助,把比赛办好、办活,办出影响、办出规模、办出特色。

第三节　我国高校龙舟运动课程体系的内容

课程内容是学校教育改革过程中最重要、最复杂的一项系统工程,是学校教育改革的核心问题,具有鲜明的时代特征和现实社会需要的教育目的特征,其随着社会发展和教育培养目标的变化而变化。它既是教育观念、教育思想的集中体现,也是贯彻教育方针、落实培养目标的主要形式和途径。从国内外课程理论关于课程体系研究的结果看,课程内容主要包括:定位、价值取向、培养目标、教学目标、课程设置、教学内容、课程评价。

一、我国高校龙舟运动课程体系的定位

对构建我国高校龙舟运动课程体系进行研究,首先要对龙舟运动课程体系在高校中的定位加以研究,因为这是决定课程体系的时代价值的问题。

高校龙舟运动课程体系的定位是龙舟运动在不同社会时期发展方向的纲领。由于龙舟运动对于高校课堂是一个全新的项目,而新生事物的发生、发展及被人们接受是需要一个过程的,所以龙舟运动刚开始的定位应该是面向全校学生的自由选修课程和面向水上运动专业学生的限制性选修

课程。

二、我国高校龙舟运动课程体系的价值取向

对于龙舟运动这个具有传统性、民族性和世界性的运动项目来说，构建一个具有鲜明时代特色的专项课程体系，对其进行系统的教学和研究，无论是在促进龙舟运动快速发展、科学发展、满足社会需求方面，还是在提高学生的整体素质方面都是十分必要的。因此，如何从内涵丰富的龙舟运动素材中选择课程内容，以什么尺度或价值取向来进行课程设置，是首先要考虑的问题。

（一）精选学科知识

20世纪五六十年代，国外结构主义课程论者主张课程内容即学科知识，并强调选择课程内容时要尊重学科知识的内在联系，认为学科知识的基本使命是传递文化。因此，当今世界各国的教育依然把学科知识作为课程设置的主要内容。

龙舟运动作为我国民族传统水上体育项目，因其独特的魅力和鲜明的特征而深受世界各国人民喜爱。它融民族性、文化性、艺术性、技术性、竞赛性、群众性、娱乐性、趣味性于一体，在弘扬爱国主义精神、启发历史文化研究、渲染节日气氛、丰富大众生活、促进全民健身、增进各国人民友谊、促进各民族团结、展示强健体魄和提升竞技水平等方面发挥着积极、独特的作用，具有其他运动项目所不能替代的特点和功能。因此，我们要选择大量具有丰富内涵的龙舟运动内容来充实龙舟运动课程，深入开发龙舟运动的多元化功能，充分利用这些功能促进学生的全面发展，以学科知识为价值取向来设置龙舟运动课程内容。

（二）适应社会发展

课程从来都是一定社会政治、经济制度的产物，脱离社会价值取向的课程既不具备现实可行的依据，也有悖于课程的逻辑。社会政治、经济、文化等发展的需要不仅是学生身心发展具体内容的组成部分，而且构成了课程

选择与发展的客观制约因素。

课程内容从本体上可称为一种重塑的文化,因而,课程内容设置、构建也就是对社会文化的加工、改造与超越的过程。我国经济的不断发展和龙舟运动竞技水平的不断提高,以及全民健身计划引发的大众体育文化传播的繁荣,都为龙舟运动在我国高校的发展带来了很好的契机,但同时也使龙舟运动的发展面临严峻的挑战。龙舟运动作为我国民族传统大众健身项目,已经越来越被世界各国人民接受。面对这种变化,我们应该考虑的是如何使龙舟运动课程设置既能够满足当今社会体育发展的需要,又可以前瞻性地预测世界龙舟运动的发展动态,从而促进我国龙舟运动的健康、快速发展。

(三)尊重学生需要

学生是课程学习的主体。课程内容的设置也只有在满足学生特定的学习情景、需要与兴趣时,才具有意义。

学生对课程的需要是全面的和具体的。全面的需要,即学生的个体发展对课程内容产生的全方位的需要。具体的需要则突出表现在课程内容的安排既要促进学生对技术技能的掌握,又要使他们通过所学的课程全面进步。因此,在课程设置上就要尊重学生的个性差异,尊重学生的需要。在当今世界各国课程改革尊重学生的主体意识、倡导学生的个性发展、提高学生创新能力的趋势下,尊重学生需要正是体现了课程设置的基本价值取向。

三、我国高校龙舟运动课程体系的培养目标

在探讨课程体系构建前必须首先明确培养目标,有了明确的目标定位,才能进一步确定和优化课程体系。培养目标是指把受教育者培养成为社会需要的人的基本要求,它规定了所要培养的人的基本规格、质量标准。培养目标是动态的,时代在变化、社会在发展、历史在前进,培养目标也要相应地更新。培养目标是专业教育的核心问题,也是教学计划的出发点和归宿。

高校龙舟运动课程体系的培养目标,以社会文明的发展趋势为基础,具有满足社会各阶段现实需要为目的的教育特征。高校应根据"健康第一,终

身体育"的指导思想来建立龙舟运动教学目标体系。龙舟运动是民族传统体育项目,它深深植根于广大人民群众之中,蕴藏着各族人民丰富的情感。一方面,作为民族传统体育项目,龙舟运动有广泛的群众基础;另一方面,作为休闲体育竞赛项目,龙舟运动有无比巨大的发展潜力。因此,它的培养目标不同于其他运动项目,应该是一个以增强体质、使身心健康为主的多元化目标和任务系统:培养爱国主义精神,培养团结拼搏、激流勇进、通力配合的集体主义精神;增强体质,强健体魄,开发智力;掌握终身体育的方法;适应未来社会的挑战;锻炼意志,完善品格;塑造完美形体;激活精力、振奋精神;体验运动的快乐;通过掌握龙舟的历史渊源、文化内涵等拓宽认知范围,提高认知层次;发展龙舟运动技术和技能。这个目标系统对塑造大学生的体格、完善大学生的心智、开发大学生的潜能,将起到促进作用。

四、我国高校龙舟运动课程体系的教学目标

整个教学过程都是围绕着教学目标来实施的,只有教学目标明确,才能更好地优化教学,提高教学质量。龙舟运动因其特殊的性质,其教学目标也和其他体育项目有所不同。

(1)对学生进行爱国主义、集体主义思想教育,培养优良的思想情操和道德品质,培养团结协作、吃苦耐劳、坚韧不拔、乐观向上、意志坚强的品质,养成严格训练、严格要求、自觉遵守纪律的作风,提高社会责任感。

(2)培养学生亲近自然、保护自然、享受自然的乐趣。

(3)能够组织一般的龙舟比赛,在省、市级龙舟比赛中能胜任裁判长工作。

(4)初步掌握龙舟运动的历史、文化、技术、战术、器材、规则和裁判法等理论知识。

(5)初步掌握龙舟运动的划桨技术、掌舵技术及技能。

(6)初步掌握龙舟运动的教学方法,并能指导龙舟的训练和比赛。

(7)通过龙舟运动的教学,改善学生的身体机能,增强体质,提高运动成绩。

(8)增强学生体育锻炼意识,培养学生健康的兴趣爱好,注重学生个性

与体育特长的发展。

(9)通过龙舟运动教学和实践,让学生掌握龙舟运动这一休闲方式,提高生活品位,传承中国文化,拓宽学生的知识面,扩大学生将来的就业面,为学生将来从事体育教师、龙舟教练员等职业提供一项工作技能。

五、我国高校龙舟运动课程体系的课程设置

课程设置是课程计划的核心,是围绕培养目标对课程的各个方面做出的规划和安排。龙舟运动会受气候影响,教学时间应安排在每学期上半年后九周和下半年前九周。总学时为36学时,学分为2分。

六、我国高校龙舟运动课程体系的教学内容

教学内容是指要传授给学生的知识体系,是整个教学过程的核心所在。我国高校龙舟运动课程体系的教学内容如下。

(一)龙舟运动的文化内涵

"团结拼搏,同舟共济"的龙舟精神,代表着中华民族的精神追求。龙舟运动除了是一种良好的健身、竞技项目外,从其本质上看还属于精神文化范畴,而且是我们中华民族独具特色、凝聚人心、打造精神的一种优秀传统文化。它随着社会发展而发展,延续至今,始终保持着浓厚的民族特点和风格。在加快社会主义现代化建设、提升我国综合国力和实现中华民族伟大复兴的过程中,通过开展龙舟竞渡活动,发扬龙舟精神,凝聚人心,鼓舞士气,增强体魄,培养勇敢顽强的精神,丰富人民业余文化生活,进行集体主义和爱国主义教育,具有现实意义。

(二)龙舟运动技术训练

龙舟运动技术是指符合人体运动的科学原理,能充分发挥学生潜在能力,有效地完成动作的合理方法。

龙舟运动技术训练是指运用各种方法和手段,学习、掌握、完善专项动作而专门组织的一种教育过程,其主要任务是形成动作技能,提高学生在各

种条件下掌握与运用技术的能力。龙舟技术训练的目的在于学习、掌握、完善龙舟技术,提高动作技能,使学生在比赛中发挥出最大的能力。通过龙舟运动技术训练,使学生在完成动作时能够达到高度准确和熟练,达到自动化程度。

龙舟运动技术的教学顺序如下。

(1)划桨技术。

桨的持握—预备姿势—插桨入水动作—拉桨动作—提桨出水动作—回桨动作—完整技术及协同配合。

(2)舵手技术。

舵的持握—身体姿势—拖式技术—拨式技术—点式技术及其应用。

(3)鼓手技术。

鼓槌的持握及身体姿势—击鼓技术—节奏控制。

(三)龙舟运动教学方法

龙舟运动教学和其他教学活动一样,也是由教师的"教"和学生的"学"两个方面组成的。只有充分调动这两个方面的积极性,才能保证教学工作顺利地开展。龙舟运动教学分为理论教学和技术教学两部分,因此其教学方法也不一样。

理论教学部分主要包括龙舟的起源、发展、文化内涵、规格和礼仪,其教学方法主要是教师讲授,学生学习,中间穿插学生的讨论等。

技术教学必须符合运动技能的形成规律,符合体育教学的基本原则和方法,这样才能保证运动技术、技能的迅速形成和巩固,促进学生身心健康、全面地发展,提高身体的训练水平及运动成绩。

1. 龙舟运动技术教学的方法

根据不同的教学内容分别采用完整教学法和分解教学法。对于动作相对简单且不宜分解的技术动作,通常采用完整教学法进行教学,即一开始就通过完整技术练习来掌握技术动作;对于技术动作相对复杂的内容,通常采用分解教学法,即把一个完整的技术动作分解为若干部分,先分别练习单个动作,然后再把各部分衔接起来,最后使学生掌握完整的技术动作。

(1) 划桨技术。

划桨技术是龙舟教学的重点内容。讲解划桨技术时宜采用分解教学法,以桨的持握、预备姿势为一个部分;插桨入水动作、拉桨动作、提桨出水动作为一个部分;回桨动作为一个部分。待各部分动作准确、熟练后,再把它们连接起来,形成划桨的完整技术动作,同时进行反复练习。

(2) 舵手技术。

讲解舵手技术时宜采用完整教学法。通过示范使学生初步掌握舵的使用方法以及舵与船、舵与水的关系,让学生直接进行拖式技术、拨式技术、点式技术的练习,熟练掌握这3种技术动作及其运用规律,同时进行反复练习。

(3) 鼓手技术。

讲解鼓手技术时宜采用完整教学法。掌握"插水鼓"和"出水鼓"的节奏。击鼓的关键是节奏感。通过练习能敲出精准的桨频,同时进行组织能力和感召力的培养。

2. 龙舟运动技术教学中纠正错误动作的方法

在龙舟运动技术教学过程中及时发现、纠正错误动作是十分重要的。错误动作在学习初期如果得不到及时纠正,形成动力定型以后再改正将会变得困难得多,因为新的、正确的动力定型必须在消除了错误的动力定型之后才能建立起来。纠正时,教师要用精练的语言,突出重点、形象生动地讲解动作要领,同时配以正确、慢速或分解的示范动作;也可以用正、误对比的方法进行分析,启发学生思维,使之明确概念及动作过程。

此外,在教学过程中要安排一定量的身体素质练习,降低难度或放缓动作节奏,使学生建立正确的肌肉感觉,然后再逐渐增加动作难度和提高要求。教师应改变教学方法和教学条件,并积极解除学生思想上的顾虑,以提高教学效果。

七、我国高校龙舟运动课程体系的课程评价

评价在课程体系中起着质量监控和价值导向的作用。泰勒认为:"评价

实质上是一个确定课程与教学计划实际达到教育目标程度的过程。"①因此，评价是一个监督、协调的过程，也是一个反馈、反思和提高的过程。

课程评价是教育评价的重要组成部分，它是在系统调查与描述的基础上对学校课程满足社会与个体需要的程度做出判断的活动。

（一）龙舟运动课程评价的意义

课程评价是通过系统地收集课程实施过程中学生的学习和教师的教学情况等信息，依据一定的标准方法进行价值判断的活动。课程评价的主要目的是对新课程的教与学进行诊断，并确定课程目标的达成程度，它是不断加强课程建设的重要依据和途径。龙舟运动课程评价不仅可以提高学生的学习能力，促进学生的全面发展，还可以激励教师不断地改进龙舟运动课程教学方法，促进教学能力与水平的提高。

（二）龙舟运动课程评价的内容

课程评价的内容主要包括学生学习的评价和教师教学的评价。对学生学习龙舟运动课程的评价内容包括体能与技术、知识与技能、运动创伤的情况、学习态度、情意表现、合作精神、心理健康。

对教师的教学评价包括专业素质评价和课堂教学评价两个方面。教师的专业素质评价包括对教师职业道德、人格魅力、教学能力和教育科研能力4个方面的考核评价。职业道德主要是指教师对龙舟运动的敬业乐业精神的领会和掌握程度。人格魅力主要是指教师所具有的龙舟运动品格和精神魅力。教学能力主要是对现代龙舟运动教育教学理论和教学方法的掌握及运用程度；从事龙舟运动教学必需的基本技能；运用计算机和多媒体辅助龙舟教学以及开发和运用龙舟运动资源的能力等。教育科研能力主要包括学习能力和研究能力。

教师的课堂教学评价包括课时分配、课的组织、课的内容、教学原则和教学方法的运用、教案的质量、课的密度和运动量的掌握、技术讲解、技能培

---

① 泰勒.课程与教学的基本原理[M].施良方,译.北京:人民教育出版社,1994:85.

养、场地器材的准备情况,以及仪表、教态、语言修养等。

（三）龙舟运动课程评价的形式

龙舟运动课程评价应根据实际情况,采用不同的形式,既注重总结性评价,也注重过程性评价;既有教师对学生的评价,也有学生的自评、互评和对教师的评价。学生学习的评价由教师对学生的评价、学生的自我评价和相互评价3部分组成。教师教学评价主要采用教师的自我评价和学生评价形式,对教师的专业素质和课堂教学情况进行评价,同时采用同行评价、专家评价、组织公开课、开评价会和学生成绩分析等多种评价形式对教师的专业素质和课堂教学情况进行评价。

参考文献

[1] 钟启泉,张华.课程与教学论[M].沈阳:辽宁大学出版社,2007.

[2] 扈中平,李方,张俊洪.现代教育学[M].2版.北京:高等教育出版社,2005.

[3] 黄汉升,梅雪雄,陈俊钦,等.我国普通高校体育教育专业课程体系改革研究[J].体育科学,1998(6):1-4.

[4] 周华.我国21世纪高等体育教育专业人才培养的社会化透视[J].中国软科学,2003(4):156-158.

[5] 泰勒.课程与教学的基本原理[M].施良方,译.北京:人民教育出版社,1994.

[6] 张建世.中国的龙舟与竞渡[M].北京:华夏出版社,1988.

[7] 马勇,贺昭泽."龙舟竞渡"的发展及特点探析[J].吉林体育学院学报,2006(1):23,47.

[8] 倪依克.当代中华民族传统体育发展的思考——论中国龙舟运动的现代化[J].体育科学,2004(4):73-76.

[9] 刘秉果.民族传统体育的未来——龙舟运动发展的启示[J].体育与科学,1991(6):45-46,35.

[10] 霍丽明.初探龙舟竞渡的文化内涵与时代价值[J].广州体育学院学报,1992(4):20-24.

[11] 杨罗生.龙舟竞渡研究状况与文献整理[J].零陵学院学报,2004(7):30-32.

[12] 白月桥.素质教育课程构建研究[M].北京:教育科学出版社,2001.

[13] 王红梅,王涛.对高校课程体系的理性思考[J].长春工业大学学报(高教研究版),2005(4):47-49.

[14] 郑晔,刘英杰,郑如赐.龙舟赛事的城市经济效益与社会影响[J].中国体育科技,2001(S1):99-100.

[15] 韦晓康.龙舟竞渡运动的起源[J].体育文化导刊,2002(1):45-46.

[16] 李宏,朱晓武,华静.高校体育文化建设的几点思考[J].上海体育学院学报,2000(2):87.

[17] 林萍仙.试论高校校园体育文化及其构建[J].体育文化导刊,2003(3):50-51.

[18] 赵克.现代体育思想与校园文化建设[J].体育学刊,2002(5):87-88.

[19] 郭炯.高校校园体育文化的特征及其功能研究[J].当代体育科技,2017,7(2):152-153.

[20] 韩明.试论高校校园体育文化的教育功能[J].四川体育科学,2002(2):73-74.

[21] 张华,沈勇进,费涛.浅谈龙舟运动发展及其社会化[J].湖北体育科技,2004(4):535-537.

[22] 车媛媛,魏永新.龙舟运动对高校校园体育文化构建的影响[J].内蒙古体育科技,2007,20(1):89-90.

[23] 万建中.龙舟竞渡活动的历史渊源[J].体育文史,1995(3):44-46.

[24] 江立中.论龙舟文化的三个发展阶段[J].云梦学刊,1995(2):13-17.

[25] 李吉荣.乐山龙舟文化风采[M].成都:西南交通大学出版社,1993.

[26] 夏书宇,巫兰英,刘薇.中国体育通史简编[M].郑州:河南人民出版社,2007.

[27] 刘爱杰,袁守龙,曹景伟,等.我国皮划艇科学训练的探索[J].北京体育大学学报,2002(6):831-833,840.

[28] 周秀华,郑伟涛,马勇,等.赛艇回桨技术的分析与训练[J].湖北体育科技,2004(2):203-206.

[29] 崔大林.皮划艇项目训练科学化探索[J].北京体育大学学报,2004

(12):1585-1591.

[30] 郑伟涛,韩久瑞,葛新发,等.风速对划船运动成绩的影响[J].武汉体育学院学报,1998(3):69-72.

[31] 田麦久.论运动训练计划[M].北京:北京体育大学出版社,1999.

[32] 吴昊,徐菊生.中国优秀皮划艇运动员身体形态特征的研究[J].武汉体育学院学报,2004(1):73-74,79.

[33] 尚文元,常芸,刘爱杰,等.中国优秀皮划艇运动员有氧能力测试分析[J].中国运动医学杂志,2006(4):443-446.

[34] 田振华,吴晓峰,李云勇,等.我国高校龙舟优秀运动员体能特征及其评价模型的研究[J].北京体育大学学报,2008(10):1437-1440.

[35] 李兵,陈刚.我国优秀男子龙舟运动员身体素质评价模型的研究[J].山东体育学院学报,2011,27(5):59-62.

[36] 伍娟,林志军,梁荣相.第十六届亚运会龙舟比赛战术模式分析[J].武汉体育学院学报,2011,45(6):75-79.

[37] 宋强.标准龙舟直道竞速类项目训练学特征分析——以龙舟500 m直道竞速为例[J].体育科学研究,2012,16(1):59-62.

[38] 吕艳丽,胡洪泉,杨明珠.试析高校龙舟队的训练方法[J].湖北体育科技,2010,29(2):204-205.

[39] 张良志,李莉,王庆然.大学生龙舟运动员专项力量研究的意义、不足与趋势[J].新课程(中),2015(1):221.

[40] 张瑶瑶.第十六届亚运会竞技龙舟运动比赛战术实践分析与探讨[D].武汉:武汉体育学院,2012.

[41] 隋文杰.国家龙舟集训队备战亚运会的科学训练模式的探索[D].武汉:武汉体育学院,2010.

[42] 杨放.龙舟运动员身体素质训练分析[J].广西民族学院学报(自然科学版),1999(3):72-74.

[43] 李兵.我国优秀男子龙舟运动员体能训练理论及评价体系研究[D].长春:东北师范大学,2013.

[44] 王博.耐力素质对划船项目的作用及训练对策[J].少林与太极(中州

体育),2009(9):66-68.
[45] 程景瑞."法特莱克"在高职院校业余龙舟队耐力训练中的运用——以青岛职业技术学院龙舟队为例[J].高教学刊,2015(14):135-136.
[46] 杨世勇.体能训练[M].北京:人民体育出版社,2012.
[47] 何卫东,李超,伍广津,等.中国标准龙舟男子500 m直道竞速制胜因素探析[J].运动,2012(4):22-24.
[48] 田友良.龙舟起航技术探析[J].长江大学学报(自然科学版),2010,7(4):172-174.
[49] 马勇,郑伟涛.女子公开级赛艇运动员力量耐力测试分析[J].吉林体育学院学报,2008(3):82-84.
[50] 胡娟,王凯珍.从民俗到体育——龙舟竞渡的缘起及现代转型[J].体育文化导刊,2007(2):18-20.
[51] 刘靖南,许博.面向21世纪的龙舟竞技运动[J].北京体育大学学报,2001(4):458-459,484.
[52] 徐菊生,余汉桥.龙舟运动高级教程[M].北京:中国电力出版社,2015.
[53] 王亭亭.基于SWOT分析的我国竞技龙舟运动发展现状及对策研究[D].北京:北京体育大学,2010.
[54] 倪依克,孙慧.中国龙舟文化的社会品格[J].成都体育学院学报,1998(3):17-21.
[55] 孙适民.屈原、端午与龙舟文化[J].邵阳学院学报,2003(1):79-84.
[56] 姚正曙,何根海.龙舟竞渡的起源探析[J].成都体育学院学报,2000(6):36-38.
[57] 刘强,王莹.传统龙舟文化的现代诠释[J].当代体育科技,2018,8(20):152-153.
[58] 陈丽珠.中国龙舟活动的发展及"龙"文化特征[J].天津体育学院学报,2002(1):77-78.
[59] 王俊奇,郑华.江西龙舟文化的特征及其发展趋势[J].体育科学研究,2004(3):15-18.

[60] 王国强.岭南龙舟文化[D].广州:暨南大学,2006.

[61] 徐勤儿,简波.文化形态学视野下的中国龙舟运动文化特征[J].体育成人教育学刊,2006(6):11-13.

[62] 倪依克.当代中国"龙舟现象"的社会文化学研究[J].成都体育学院学报,2001(6):23-26.

[63] 余多庆,周红萍.安康龙舟文化透视[J].学园,2014(32):29-30.

[64] 黄春花.现代龙舟运动对民族传统体育发展的启示[J].山西师大体育学院学报,2008(2):74-76,108.

[65] 孔繁敏.从龙舟赛艇发展看中西体育文化差异[J].体育文化导刊,2008(9):85-87.

[66] 黄立新.抓特色体育赛龙舟促进城市经济和社会快速发展[J].湖北体育科技,2002(4):385-387.

[67] 简波,齐莹.龙舟运动的体育无形资产开发现状与对策研究[J].首都体育学院学报,2006(5):31-32,40.

[68] 于秋生,李宇树,徐宏兴,等.现代龙舟运动发展特点及其无形资产的开发与利用[J].山东体育学院学报,2008(9):34-36.

[69] 李秀奇.龙舟文化与岳阳城市文化建设的互动研究[D].长沙:湖南师范大学,2006.

[70] 刘靖南.女子龙舟竞技运动发展动态[J].体育科技,2001(3):41-43,55.

[71] 林耀辉.高校龙舟竞技运动发展趋势探究[J].当代体育科技,2014,4(11):139-140.

[72] 郭文吉,张红霞.宜春开展龙舟活动的现状与对策研究[J].江西教育学院学报,2008(6):76-79.

[73] 刘德琼.从第6届全国"民运会"看龙舟技术的发展[J].武汉体育学院学报,2000(5):118-120.

[74] 卢元镇.中国体育社会学[M].北京:北京体育大学出版社,2000.

[75] 刘志雄,杨静荣.龙与中国文化[M].北京:人民出版社,1992.

[76] 熊志冲.民族体育的特征、功能和传播方式[J].上海体育学院学报,

1992(1):23-27.

[77] 李瑞岐,杨培春.中华龙舟文化研究[M].贵阳:贵州民族出版社,1991.

[78] 林惠祥.文化人类学[M].上海:上海文艺出版社,1991.

[79] 向春玲.转型中的社会与文化[M].北京:民族出版社,2001.

[80] 刘少英,田祖国,吴永海,等.湘、鄂、渝、黔边少数民族传统体育项目分析及其发展研究[J].北京体育大学学报,2001(2):152-154.

[81] 刘德琼.论龙舟竞渡在《全民健身计划》中的地位和作用[J].体育科技,1994(4):50-54.

[82] 黄金葵.现代龙舟赛去仪式化现象的人类学反思[J].首都体育学院学报,2017,29(1):21-25.

[83] 刘可夫.论体育与经济增长[J].体育学刊,1999(1):73-75,78.

[84] 何学威.论经济民俗文化学的研究与建设[J].中南工业大学学报(社会科学版),1999(4):328-331.

[85] 林耀辉,米云飞.中华龙舟文化传承与对策研究[J].中国民族博览,2017(5):5-6.

[86] 李香华,钟兴永.论体育旅游的经济功效[J].云梦学刊,2003(1):42-45.